中外文稀有版本文献

《路德维希·费尔巴哈和德国古典哲学的终结》

⑥

费尔巴哈论

【德】弗里德里希·恩格斯◎著
张仲实◎译

中央编译出版社
Central Compilation & Translation Press

《路德维希·费尔巴哈和德国古典哲学的终结》的出版与传播

（代序）

马克思主义的产生和发展一直离不开翻译，它同形形色色的错误思潮进行斗争的过程同样离不开翻译。马克思主义奠基人（尤其是恩格斯）极为重视翻译工作，认为这是一项意义重大的革命工作，“马克思的理论正是在目前对社会主义运动产生着巨大的影响”[①]，然而，只有准确翻译出版马克思的著作，才能帮助剔除掉社会主义运动中错误思潮对工人的影响，比如恩格斯打算出版《资本论》的法译本，目的就是希望“使法国人摆脱蒲鲁东用对小资产阶级的理想化把他们引入的谬误观点”[②]。恩格斯同样重视马克思主义著作的翻译，“最近十年国际社会主义文献的巨大增长，特别是马克思和我以前的著作的译本的数量”的增长，认为这些“文献的增加……是国际工人运动本身相应发展的一个象征”。[③] 因此，梳理《路德维希·费尔巴哈和德国古典哲学的终结》（简称《费尔巴哈论》）的翻译出版对于了解和掌握社会主义运动的发展和马克思主义的传播情况具有重要意义。

---

① 《马克思恩格斯文集》第5卷，北京：人民出版社2009年版，第34页。

② 《马克思致路德维希·毕希纳（1867年5月1日）》，《马克思恩格斯全集》第31卷，北京：人民出版社1972年版，第546页。

③ 《资本论》第3卷，《马克思恩格斯文集》第7卷，北京：人民出版社2009年版，第3页。

一 《费尔巴哈论》的最初出版和译介

《路德维希·费尔巴哈和德国古典哲学的终结》及其序言是恩格斯晚年时期最重要的著作之一。恩格斯在1886年初接受《新时代》杂志社约稿，以德文写了一篇关于施达克《路德维希·费尔巴哈》的书评。这篇长篇的书评发表在1886年《新时代》杂志第4期和第5期。时隔两年之后，为了便于阅读和传播，恩格斯又于1888年在斯图加特出版单行本，并且给这个单行本写了序言。

这个小册子甫一出版就受到了同情和信仰马克思主义的人（尤其是那些理论家兼革命家）的关注。《费尔巴哈论》出版后不久，法国人就开始关注这个小册子。1894年，巴黎的杂志《新纪元》第4期和第5期上刊登了劳拉·拉法格翻译并经恩格斯审阅过的译文。恩格斯对这个小册子的整个翻译过程都给予了关注。在翻译过程中，恩格斯就给左尔格写信说："劳拉·拉法格正在把我的《费尔巴哈》译成法文，而且即将在巴黎出版。"① 此外，恩格斯还把这件事情告诉了考茨基，并对这个译本给予了高度评价："劳拉·拉法格正在把我的《费尔巴哈》译成法文供《新纪元》发表和以后出单行本，狄茨知道这件事定很高兴。前一半我已看过。她的译文忠实而流畅。"②

除了上述译本，《费尔巴哈论》陆续出版了不同语言的译本，它们分别是：（1）1890年，这个小册子的波兰文版翻译出版；（2）1892年，这本书出版了保加利亚文译本；（3）同一年，葡萄牙译本问世。③

---

① 恩格斯：《致弗里德里希·阿道夫·左尔格（1893年12月30日）》，《马克思恩格斯全集》第39卷，北京：人民出版社1974年版，第184页。值得注意的是，我们一般将《路德维希·费尔巴哈和德国古典哲学的终结》简称为《费尔巴哈论》，而恩格斯似乎将之简称为《费尔巴哈》。实际上，我们在后文中还会看到，不同的人对这部著作的简称不尽相同，因此我们在阅读与之相关的文献时要注意这一点。

② 恩格斯：《致卡尔·考茨基（1894年1月9日）》，《马克思恩格斯全集》第39卷，北京：人民出版社1974年版，第190页。

③ 参见《马克思恩格斯文集》第4卷，北京：人民出版社2009年版，第603页，注释168。

然而尽管恩格斯在写《费尔巴哈论》时居住在伦敦，但这本非常重要的小册子的英译本出现得比较晚。根据资料显示，《费尔巴哈论》最早是在1917年翻译成英文的，题目是《费尔巴哈：社会主义哲学的根源》。完整的英译本最早出现在1941年，译者是刘易斯，他还写了评论性导言。截至目前，这个小册子共有四个完整的英文译本，它们分别是1936年杜德编辑出版的收录了马克思和恩格斯关于辩证唯物主义的其他材料的伦敦和纽约版、1941年的纽约版、1946年拉斯克编的莫斯科和伦敦版，以及1950年的莫斯科版（这个版本包括马克思的《关于费尔巴哈的提纲》）。①

尽管处在遥远的东方，日本在马克思主义著作的译介方面并不逊于某些西方国家。《费尔巴哈论》的最早日文本于1927年就已经出现，这在某种程度上不但推动了日本马克思主义的发展，而且还有助于中国马克思主义思想的引介和传播。②

二 《费尔巴哈论》在俄国的传播

作为世界上第一个社会主义国家，单独研究《费尔巴哈论》在俄国的译介出版具有特别的意义。根据已有的文献资料，我们能够判断这

---

① *Feuerbach*, *The Roots of the Socialist Philosophy*, Translated with a critical introduction by Austin Lewis, Chicago: Charles H.Kerr & Co., 1916.几个完整的译本分别是：(1) *Ludwig Feuerbach and the Outcome of Classical German Philosophy*, With an appendix of other material of Marx and Engels relating to dialectical materialism, Edited by C.P.Dutt, London: Lawrence & Wishart, 1936; New York: International Publishers Co., 1970.(2) *Ludwig Feuerbach and the Outcome of Classical German Philosophy*, New York: International Publishers, 1941.(3) *Ludwig Feuerbach and the Outcome of Classical German Philosophy*, Edited by I.B.Lasker; Moscow: Foreign Languages Publishing House, 1946; London: Lawrence & Wishart, 1947.(4) *Ludwig Feuerbach and the End of Classical German Philosophy*, Moscow: Foreign Languages Publishing House, 1950; Moscow: Progress Publishers, 1969. 这些版本的信息参见尤班克斯编：《马克思恩格斯著作目录和马克思主义参考书目》，北京：书目文献出版社1987年版，第44—45页。

② 关于日文本最早出现年份的判断，本文转引自韩立新：《“日本马克思主义”：一个新的学术范畴》，见〔日〕望月清司：《马克思历史理论的研究》，韩立新译，北京：北京师范大学出版社2009年版，“总序”第3页。关于日本马克思主义对中国马克思主义的影响参见下文第四章第三节的相关内容和注释。

个本子最早受到关注并试图传入的国家之一就是俄罗斯。1889 年，《费尔巴哈论》的俄译文就在圣彼得堡的《北方通报》杂志（第 3 期和第 4 期）上发表了，不过题目改成了“德国古典唯心主义哲学的危机”，遗憾的是，在发表的过程中，杂志没有标明作者，仅仅是在文章下面注上了译者格·弗·李沃维奇的署名“格·李·”。关于这个版本与马克思主义之间的关系我们无从考证，但之后几乎所有的译本都与马克思主义组织和马克思主义的传播有关。

（一）劳动解放社与《费尔巴哈论》翻译出版

我们知道，普列汉诺夫的译本是比较早的，而且也是比较权威的译本。1892 年《劳动解放社》在日内瓦用单行本出版了由格·瓦·普列汉诺夫翻译的全译文。与众不同的是，普列汉诺夫在把弗·恩格斯德文版的《路德维希·费尔巴哈和德国古典哲学的终结》译成俄文后，在出版时附加上了序言和注释，这个序言就是《译者的话》，注释则包括两部分，即：“普列汉诺夫为恩格斯《费尔巴哈与德国古典哲学的终结》一书俄译本第一版所写的注释”和“原校订本第一版的注释”。[①] 他所附加的序言和注释对于我们准确把握马克思主义有着非常重要的作用。但普列汉诺夫的《费尔巴哈论》俄译本之所以能够产生巨大影响，是因为俄国的马克思主义者是在有组织地翻译马克思和恩格斯的著作，而这个组织就是劳动解放社。

劳动解放社，俄国的第一个马克思主义组织，于 1883 年 9 月 25 日在日内瓦成立，于 1903 年解散。这个组织成立伊始就发表了普列汉诺夫起草的被视为劳动解放社成立宣言的文章《关于出版〈现代社会主义丛书〉问题》，其中明确指出俄国“革命的知识分子首先要确立现代社会主义世界观”，但当时的社会主义出版物“很难满足”这一要求，

① 《普列汉诺夫为恩格斯〈费尔巴哈与德国古典哲学的终结〉一书俄译本第一版所写的序言（〈译者的话〉）和注释》，载《普列汉诺夫哲学著作选集》第 1 卷，北京：生活·读书·新知三联书店 1961 年版，第 502—563 页。

因此它开始着手出版《现代社会主义丛书》[①]，开始“系统地传播马克思和恩格斯的著作”。[②]

普列汉诺夫认为，《现代社会主义丛书》是一种新的尝试，并提出了自己的主要任务：“（1）通过把马克思和恩格斯学派最重要的著作（注意到不同修养程度的读者需要一些原著）译成俄文的方式，传播科学社会主义思想。（2）从科学社会主义观点和俄国劳动人民的利益出发，批判在我们革命者中间占统治地位的学说，并深入研究俄国社会生活中的最重要的问题。”[③] 劳动解放社在组织翻译马克思和恩格斯著作的过程中得到了恩格斯的大力支持和高度评价。恩格斯不但推荐可以优先翻译的著作，替译者解答问题，而且答应对某些著作的翻译给予一切帮助。恩格斯对劳动解放社以及它翻译的自己和马克思的著作最初的俄译本给予了很高评价，认为劳动解放社是“他能够把自己和马克思的著作委托出版的唯一的侨外俄国革命团体”[④]。

在《现代社会主义丛书》中，劳动解放社选译的重要著作包括《费尔巴哈论》。[⑤] 列·阿·列文认为，《现代社会主义丛书》中选译著作的质量比较高，而且这些译本对俄国的社会主义革命运动具有重要意义。此外，这套丛书还有一个优点——“附有译者的序言和注释”，但他又认为，“在很多序言和注释中存在严重的错误”。他专门指出，普

---

① 〔俄〕普列汉诺夫：《关于劳动解放社的三篇史料·关于出版〈现代社会主义丛书〉问题》，载《世界历史》1983年第5期，第91页。

② 周邦：《“劳动解放社”的历史地位和作用》，载《国际共运史研究资料》1983年第2期，第30页。

③ 《格·瓦·普列汉诺夫遗著》第8卷第1册，1940年莫斯科版，第29页。另参见《关于出版〈现代社会主义丛书〉问题》以及列文的《马克思恩格斯著作的发表和出版》，周维译，北京：生活·读书·新知三联书店1976年版，第135页。

④ 《格·瓦·普列汉诺夫遗著》第8卷第1册，1940年莫斯科版，第29页。另参见《关于出版〈现代社会主义丛书〉问题》以及列文的《马克思恩格斯著作的发表和出版》，周维译，北京：生活·读书·新知三联书店1976年版，第136页。

⑤ 另外还有4本书，即恩格斯的《社会主义从空想到科学的发展》（1884年、1892年、1902年）、马克思的《关于自由贸易的演说》（1885年）、马克思的《哲学的贫困》（1886年）和恩格斯的《论俄国的社会问题》（1894年）。马克思和恩格斯的这5本著作分别是由普列汉诺夫和查苏利奇翻译完成的，前者翻译的是《关于自由贸易的演说》和《费尔巴哈论》，其余由查苏利奇翻译完成。

列汉诺夫给《费尔巴哈论》写的序言就有观点和立场上的错误，比如他认为普列汉诺夫提到的“象形文字论”就具有“康德主义的符号论”色彩，它是对“马克思主义的认识论”的修正。①

应该说，正是由于劳动解放社，马克思和恩格斯的著作才通过普列汉诺夫等人得到了通俗解释，推动了俄国马克思主义的产生和发展。列宁对此评价道：“俄国的马克思主义是在十九世纪八十年代初期的一个侨民团体（劳动解放社）的著作中产生的。”② 这个团体则成了俄国“科学社会主义的奠基者、代表者和最忠实的捍卫者”③，它的理论活动为俄国的社会民主主义运动的发展和工人阶级政党的建立扫清了道路，因而在列宁看来它“在理论上为社会民主主义奠定了基础”，“走了迎接工人运动的第一步”。④

（二）第一次俄国革命时期《费尔巴哈论》的译介和传播

在劳动解放社解散之后，俄国紧接着进入了第一次革命时期（1905—1907年）。列文认为，这一时期是“在俄国出版和传播马克思和恩格斯著作方面的新的标志”，由于革命形势的发展，政府逐渐放开管制，开始允许在俄国刊印马克思主义的著作。⑤ 在这一时期，马克思主义著作的翻译出版出现了一些新特征，除了像布尔什维克这样的马克思主义者出版马克思和恩格斯的著作，孟什维克也开始关注这一领域。一般来说，在此期间，马克思恩格斯的著作出版在俄国经历了三个阶段：“（1）国外阶段，（2）受到审查阶段，（3）不受审查阶段。”⑥

---

① 参见〔苏〕列文：《马克思恩格斯著作的发表和出版》，周维译，北京：生活·读书·新知三联书店1976年版，第133—134页。

② 《列宁全集》第15卷，北京：人民出版社1959年版，第367页。

③ 周邦：《“劳动解放社”的历史地位和作用》，载《国际共运史研究资料》1983年第2期，第36页。

④ 《列宁全集》第20卷，北京：人民出版社1958年版，第275页。

⑤ 〔苏〕列文：《马克思恩格斯著作的发表和出版》，周维译，北京：生活·读书·新知三联书店1976年版，第135、154页。

⑥ 〔苏〕列文：《马克思恩格斯著作的发表和出版》，周维译，北京：生活·读书·新知三联书店1976年版，第160页。

在第一个阶段（即国外阶段）的1905年7月，孟什维克编辑出版了一套《科学社会主义丛书》，其中包括恩格斯的《费尔巴哈论》。根据列文的看法，这一版本仍是普列汉诺夫翻译，并新加了长篇序言，扩充了注释，因此是一个相对完整的版本。但是由于普列汉诺夫与孟什维克主义发展的密切关联，所以他的序言和注释中包含着严重的错误，比如，他“把马克思和恩格斯的唯物主义解释成为独特的斯宾诺莎主义”，并对革命中无产阶级的领导权和领袖（即列宁）进行了攻击。然而，随着革命的失败，马克思和恩格斯的个别著作开始被取缔，其中包括恩格斯的《费尔巴哈论》。因而，被保留下来的主要是1905年以前的版本。①

（三）苏维埃建立后《费尔巴哈论》的翻译出版

随着十月革命的胜利和苏维埃制度的建立，在苏联党和国家领导人的关心下②，马克思和恩格斯著作的研究、译介和出版传播进入了一个新阶段，苏联不但建立了世界上第一个马克思恩格斯列宁学院，而且对其著作的出版更具规模。当时，国家给马克思恩格斯列宁学院及其杰出的领导人、著名马克思主义文献学家梁赞诺夫规定的任务是“收集、保存、研究和科学地发表马克思、恩格斯……的遗著”③。

为此，马恩学院建立了一个科学图书馆，并于1923—1926年间开始拍摄保存在德国社会民主党档案中保存的马克思恩格斯手稿和书信的原件。在广泛收集资料的基础上，马恩（列）研究院在1928年开始出版《马克思恩格斯全集》（俄文版第一版）以及《马克思恩格斯文库》

---

① 〔苏〕列文：《马克思恩格斯著作的发表和出版》，周维译，北京：生活·读书·新知三联书店1976年版，第167、161页。

② 比如，列宁早在1921年就询问梁赞诺夫关于马克思恩格斯的书信和著作的收集情况：“你们图书馆里有没有从**各种报纸**和某些杂志上**搜集来的**马克思和恩格斯的**全部**书信？……有没有**全部书信的目录**？”2月2日，列宁再次给梁赞诺夫写信：“……（5）我们有没有希望在莫斯科收集到马克思和恩格斯发表过的**全部**材料？（6）**在这里已经收集到的材料**有没有目录？（7）马克思和恩格斯的书信（或复印件）由我们来收集，此议是否可行？”参见《列宁全集》第50卷，北京：人民出版社1988年版，第107页。

③ 〔苏〕列文：《马克思恩格斯著作的发表和出版》，周维译，北京：生活·读书·新知三联书店1976年版，第172页。

（并不是MEGA1），后者主要收录的是马克思恩格斯之前没有发表过的原始文献。① 在苏联，马克思恩格斯著作的出版随着社会形势的变化不断变化，但苏维埃俄国始终重视马克思恩格斯等著作的出版。1933年，苏联又出版了两卷本的《马克思恩格斯文选》，其主要收录的是“主要的（篇幅不大的）著作”，《费尔巴哈论》被收录于第一卷。

1948年，国家政治书籍出版社出版了《费尔巴哈论》，其中收录了马克思的《关于费尔巴哈的提纲》。列文认为，这是一个最准确的版本，因为普列汉诺夫之前的译本已经根据德文原文进行了校订和修改。②

《费尔巴哈论》在《马克思恩格斯全集》俄文版的第一版和第二版中均被收录。在俄文版第一版中，它被收录于第14卷第633—678页，在第二版中被收录于第21卷第267—317、370—371页。

三 《费尔巴哈论》在国内的译介和传播

在19世纪末20世纪初，中国面临亡国灭种的大危机，如何走出这种危机，实现民族复兴，几乎成了近现代志士仁人的共同目标。经过数十年的探索，他们认识到只有开启民智、启蒙民众，才能实现救国之目标。毫无疑问，翻译介绍西方思潮是实现启蒙和救亡双重目的的重要途径。梁启超先生在《论译书》中写道：“苟其处今日之天下，则必以译书为强国第一义，昭昭然也！”③ 实际上，在中国翻译史上占据重要地位、对中国翻译确定了标准的严复早就认识到了这一点，他指出：“然终谓民智不开，则守旧维新两无一可。即使朝廷今日不行一事，抑所为皆非，但令在野之人后生英俊洞识中西实情者日多一日则炎黄种类未必

① 〔苏〕列文：《马克思恩格斯著作的发表和出版》，周维译，北京：生活·读书·新知三联书店1976年版，第174—175页。

② 〔苏〕列文：《马克思恩格斯著作的发表和出版》，周维译，北京：生活·读书·新知三联书店1976年版，第201页。

③ 梁启超：《论译书》，见《翻译研究论文集（1894—1948年）》，北京：外语教学与研究出版社1999年版，第10页。

遂至沦胥；即不幸暂被羁縻，亦将有复苏之一日也。所以屏弃万缘，惟以译书自课。"[①] 在整个西学东渐的思想大潮和救亡图存的过程中，由于马克思主义的科学性以及在实践上取得的胜利，马克思主义经典著作的翻译同样受到了重视。而在马克思主义所有的经典著作中，恩格斯的《费尔巴哈论》成了最受关注且译本最多的著作之一。

（一）新中国成立前《费尔巴哈论》的中文版本

尽管在新中国成立前还没有国家作为后盾来支持马克思和恩格斯著作的翻译，但他们的著作仍然有不少人感兴趣，而且在某种程度上还不自觉地形成了一种"百花齐放"的局面。恩格斯的《费尔巴哈论》就有多个译本。兹根据出版时间列举如下：

最早的应该是彭嘉生先生的译本，上海南强书局于 1929 年初出版，书名为《费尔巴哈论》。[②] 这是一个非常完整的译本，附有恩格斯序言，而且译者在翻译过程中给四章分别加上了小标题："从黑格尔到费尔巴哈""观念论与唯物论""费尔巴哈的宗教哲学及伦理学"和"辩证法的唯物论"。此外，这个译本还有两点值得注意。一是它在附录中增加了五篇文献：（1）马克思的《费尔巴哈论纲》[③]，（2）恩格斯的《费尔巴哈论》补遗[④]，（3）恩格斯的《史的唯物论》[⑤]，（4）马克思的《法兰西唯物史论》[⑥]，（5）恩格斯的《马克思的唯物论及辩证法》[⑦]。二是它在正文前附上了董克尔撰写的《编者序言》（写于 1927 年 2 月），在

---

① 严复：《严复集》第三册，北京：中华书局 1986 年版，第 525 页。

② 有的研究文献认为，《费尔巴哈论》最早的中译本是林超真的译本（该译本的详细情况见下文），但根据笔者的考察，这里似乎存在一些误解。真正的译本应该是彭嘉生的译本。

③ 即马克思版本的《关于费尔巴哈的提纲》。——编者注

④ 编者未能考察出这部分的准确出处。

⑤ 根据译者的注释，这部分取自《社会主义从空想到科学的发展》（译者名之为《从空想到科学的社会主义底发展》）英译本 1892 年的序言。参见恩格斯：《费尔巴哈论》，彭嘉生译，上海：上海南强书局 1929 年版，第 146 页。

⑥ 即《神圣家族》中的"对法国唯物主义的批判的战斗"部分。

⑦ 根据译者的注释，这部分是从马克思的《经济学批判》的评论（1895 年）中抄录出来的，但译者又指出恩格斯将这一评论发表于 1859 年《大众》（*Das Volk*）上。显然，这个解释存在着矛盾，因此，我们也未能完全判断出这一部分的准确出处，以后有待继续考证之。

书后附有译者后记（写于 1929 年 12 月）。这个译本是根据法国人赫尔曼·董克尔（Hermann Duncker）编辑的德文本翻译的，同时参照了英译本和日译本。[①] 这个译本分别在 1932 年和 1935 年进行了再版。中共中央马克思恩格斯列宁斯大林著作编译局（以下简称为“中央编译局”）图书馆收藏了该译本。[②]

同年 12 月出版了林超真的译本，其书名接近原书，为《费儿巴赫与德国古典哲学的末日》，而且附有恩格斯的序言、普列汉诺夫的序言（俄文本第二版序）以及《关于费尔巴哈的提纲》。[③] 这个译本载于《宗教·哲学·社会主义》。这个译本是根据拉法格等人翻译的法译本翻译过来的[④]，而且译者在翻译时没有参考恩格斯的德文原文，只有部分内容与俄文进行了对照。

第三个译本是向省吾翻译，书名为《费尔巴哈与古典哲学的终末》。这个译本是全译文，但没有收录序言，该译本由上海江南书局于 1930 年 4 月出版。这个版本在目录中标上了五篇附录性文献，但在正文中却没有刊印出来。这个译本与彭嘉生的译本一样，附上了两个序言，即译者序（写于 1929 年 9 月）和编者序（亦即赫尔曼·唐克尔[⑤]所写序言）。这个译本依据的蓝本是德文《马克思主义文库》第 3 卷，同时参照了日译本。

---

① 为了让读者更加全面地了解早期译者的序言，我们在本书的附录“研究文献精选”中把董克尔的编者序言收录其中。客观讲，尽管这个编者序言与目前的研究比起来比较简略，但它也表明了早期人们对《费尔巴哈论》的关注（角度）。

② 参见《费尔巴哈论》，上海：上海南强书局 1929 年版。同时参见北京图书馆马列著作研究室编：《马克思恩格斯著作中译文综录》，北京：书目文献出版社 1983 年版。

③ 名为《马克思：费儿巴赫论纲要》，参见恩格斯：《宗教·哲学·社会主义》，林超真译，上海：亚东图书馆 1929 年版，第 229—372 页。

④ Fr. Engels, *Religion*, *Philosophie*, *Socialisme*, Traduit Par Paul et Laura Lafargue, Paris, Librairie G. Jacques et Oie, 1901.

⑤ 原文如此，即为董克尔，不同版本译法不同，保留原文译法。——编者注

第四个译本是杨东蓴[1]、宁敦伍翻译出版的《机械论的唯物批判论》，它是由上海昆仑书店于1932年5月出版，其中收录了除了马克思恩格斯之外的马克思主义者普列汉诺夫所写的注释。这本书在书后所附的附录最为全备，包括8篇文章：（1）马克思的《费尔巴哈论纲》，（2）恩格斯的《费尔巴哈论》补遗，（3）恩格斯的《史的唯物论》，（4）马克思的《法兰西唯物史论》，（5）恩格斯的《马克思的唯物论及辩证法》，（6）马克思的《费尔巴哈论纲原稿译文》，（7）马克思的《观念论的见解与唯物论的见解之对立》[2]，（8）《蒲列汉诺夫对费尔巴哈的序文和评注》。[3] 书前有《发行者序言》，署名：赫尔曼·唐克尔。

第五个译本是青骊所译，由上海社会主义研究社于1932年11月出版，书名为《费尔巴哈论》。这个译本的最大特点是英汉对照，其中第31—97页为中译文，分四节，每节有标题，文前有序言。这本书的附录也收了马克思的《费尔巴哈论纲》，书前还有中译者序言（写于1932年11月20日）、英译者导言以及《社会主义名著译丛总序》。本书是根据黎威奥斯丁的英文本转译的。

第六个译本是摘译本，译者柳若水以黑格尔哲学批判为主题选取了费尔巴哈、马克思和恩格斯等人的十篇关于黑格尔哲学的著作，撷取其中的重要段落，翻译之后集结成册，书名为《黑格尔哲学批判》。这本书收录的是恩格斯的《费尔巴哈论》的第1节，并将之命名为《从黑

---

① 杨东蓴所翻译的最为人所熟知的著作是摩尔根的《古代社会》。摩尔根的书受到了马克思和恩格斯的高度关注，并被二人在不同的文献中大量引用。尽管人们没有研究《费尔巴哈论》与摩尔根的《古代社会》之间的关系，但众所周知，马克思和恩格斯对《古代社会》所做的研究成果都是在《费尔巴哈论》之前出版的，这两本书之间的关系，尽管在文本上没有直接相关性，但在思想上应该是一致的。

② 这部分内容出自《德意志意识形态》（原文译为《德意志观念形态论》）中的“费尔巴哈”章的“一般意识形态，特别是德国哲学”部分。

③ 普列汉诺夫所写的《费尔巴哈论》俄译本第一版序言和第二版序言都收录其中，但与第一版序言密切相关的注释没有收录。除此之外，这部书收录的附录内容与彭嘉生译本大体上相同，但内容更丰富。

格尔到费尔巴哈》(*von Hegel bis Feuerbach*)[①]。

第七个译本是韬奋摘译的《费尔巴哈论》第四章的一个脚注，篇名为《恩格斯的自白》，载《读书偶译》。[②]

第八个译本，同时也是对新中国成立后翻译的《费尔巴哈论》影响最大的译本，是由张仲实先生翻译、生活书店于 1937 年 12 月出版的。这本书甫一出版就受到欢迎和关注，因此时隔不久（1938 年 2 月）就在汉口再版。这个译本是全译文，而且附上了序言，还附录马克思《关于费尔巴哈的提纲》，书前有译者序言（写于 1937 年 8 月 1 日），以及《伟大的哲学家》和《费尔巴哈与新兴哲学》两篇介绍文章。这个版本是竖排平装本，书名定为《费尔巴哈论》，书的扉页上印有“世界名著译丛之二”字样。接下来，在 1938 年 4 月，上海书店仍以《费尔巴哈论》为名进行了再版。这个版本目前由上海图书馆收藏。

接近新中国成立时，即 1949 年 9 月，北京解放社重印，但注明的却是初版。这一版仍为竖排平装本，但书名已经改成了《费尔巴哈与德国古典哲学的终结》（仍是全译文），而且这个版本附上了序言和马克思的《费尔巴哈论纲》，书前有译者序言（写于 1949 年 6 月 8 日），文中有著者注、俄文版编者注和译者注。本版根据《马克思恩格斯文选》（两卷本）1948 年俄文版重新校正。

在新中国成立后，这个版本不断出版，根据资料显示，在新中国成立之后至少出现过多个版本，都是以新中国成立前的译本为基础进行的再版。现对这些版本列举如下：

（1）在新中国成立之初，《费尔巴哈论》就在 1949 年 11 月出版了解放社上海版的竖排平装本。这个版本是根据 1949 年 9 月校正版重印的，本版现收藏于浙江省图书馆。（2）解放社于 1949 年 11 月出

① 参见《黑格尔哲学批判》，上海：辛垦书店 1935 年版，第 172—189 页。其中收录了费尔巴哈的《黑格尔哲学批判》，马克思的《黑格尔法律哲学批判导言》（即《黑格尔法哲学批判导言》）、《黑格尔辩证法及哲学一般之批判》（即《1844 年经济学哲学手稿》中的《对黑格尔的辩证法和整个哲学的批判》）和《黑格尔现象学批判草案》，恩格斯的《关于黑格尔》和《从黑格尔到费尔巴哈》。

② 参见韬奋编译：《读书偶译》，上海：韬奋出版社 1937 年版，第 119 页。

版了大连版的竖排平装本，这个版本也是根据1949年9月校正版重印的，目前该版由中央编译局图书馆收藏。（3）根据资料显示，北京人民出版社于1949年9月出版了《费尔巴哈与德国古典哲学的终结》（第一版），书后附有《译者后记》（写于1953年3月3日），书名根据《马克思恩格斯文选》（两卷本）俄文版校订，并经陈昌浩校阅。1954年8月，北京人民出版社出版了第二版。1957年10月，北京人民出版社第三版，尽管书名是《费尔巴哈与德国古典哲学的终结》，但书后附加上了65条注释和人名索引以及《普列汉诺夫为恩格斯〈费尔巴哈与德国古典哲学的终结〉一书俄译本所写的序言和注释》和《对普列汉诺夫译文的注释》，译者于1956年9月24日为第三版写了《中译本第三版校订后记》。（4）1964年6月，人民出版社出版大字本的《费尔巴哈论》，共分为2册，为横排函装本，并于1965年1月改版，书名为《费尔巴哈与德国古典哲学的终结》，书后附注释（87条）和人名索引，以及《普列汉诺夫为恩格斯〈费尔巴哈与德国古典哲学的终结〉一书俄译本所写的序言和注释》，本书马恩著作部分是张仲实译，经中共中央编译局根据《马克思恩格斯全集》俄文第二版第21卷和第3卷做了一些校订，并采用了有关本书的注释，书后普列汉诺夫为本书俄译本缩写的序言和注释部分是由中共中央编译局根据《普列汉诺夫哲学著作选集》第1卷和《普列汉诺夫全集》第18卷俄文版译出的。

第九个译本是由曹真翻译、上海文源出版社于1949年10月出版的竖排平装本《费儿巴赫》，书后附上了马克思的《费儿巴赫论纲要》（即《关于费尔巴哈的提纲》），但是这个版本没有刊印恩格斯后来写的序言。

新中国成立前最后一个译本是著名文学家周建人摘译的版本，摘译的内容仅有第2章前半部分和第4章前半部分，篇名为《鲁德维息·费尔巴哈》，著者译为“恩格尔斯”。这个版本载于英·E.朋司编辑的《新哲学手册》（第6—19页）。

(二) 新中国成立以后《费尔巴哈论》的翻译出版

新中国成立后，为了更全面系统地传播马克思主义，巩固马克思主义指导思想的地位，中共中央于1953年成立了中央编译局，开始组织对马克思恩格斯等马克思主义经典作家著作的翻译、出版等工作。除了张仲实的译本在新中国成立后仍然在不断再版之外，还有一些版本值得注意。其中之一是集体翻译、唯真校订的《费尔巴哈与德国古典哲学的终结》，这个版本载于《马克思恩格斯文选》第2卷（1965年），并且附加上了序言。其二就是目前我们看到的《马克思恩格斯全集》中文版第一版。《马克思恩格斯全集》是在《马克思恩格斯全集》俄文版第二版的基础上翻译过来的，时间持续了将近30年（最早于1956年出版的《马克思恩格斯全集》第3卷至1985年出版的多个卷次）。[①]《费尔巴哈论》收录于1965年9月出版的《马克思恩格斯全集》第21卷，其中全面收录了《费尔巴哈和德国古典哲学的终结》的全文及其《序言》。这个版本是在张仲实的译本的基础上根据《马克思恩格斯全集》德文版第21卷校订的，校订时还参考了俄、英等译文和其他有关的中译文。

1972年4月，北京人民出版社出版了一个横排平装本，其中包括正文、序言以及马克思的《关于费尔巴哈的提纲》，后面还附上了33条注释以及几篇附录，其中包括：(1)《普列汉诺夫为恩格斯〈费尔巴哈与德国古典哲学的终结〉一书俄译本所写的序言和注释》，(2)《〈普列汉诺夫哲学著作选集〉俄文版编者为普列汉诺夫的序言和注释所加的注释》。最后是在1972年出版《马克思恩格斯选集》时，编选者把《费尔巴哈论》（包括序言在内）又收录其中。

新中国成立后除了上述中译本之外，民族出版社根据中共中央编译

① 相关资料参见中央编译局网站，http://www.cctb.net/wxzl/jd/maen/。

局的中译本翻译、出版了多个民族语言的版本，其中包括蒙文版（1975年3月）、藏文版（1980年4月）、维吾尔文版（1975年10月）、朝鲜文版（1974年10月）、哈萨克文版（1980年2月）等民族文字译本。内蒙古人民出版社于1957年4月出版蒙古人民共和国达什多尔吉译的蒙文译本。

尽管《费尔巴哈论》已经有多个版本，但新中国的编译和研究人员并没有停止对它进行完善。在这里有两个小例子可以证明国内马克思主义研究翻译人员在完善《费尔巴哈论》中译本上所做的努力。

第一个例子是关于“哲学的基本问题”及其相关内容之翻译的不断完善。众所周知，像《费尔巴哈论》这样的经典著作往往会有多个译本，通过对比能够发现，后来的译本整体上明显优于之前的译本。就拿“哲学的基本问题”的翻译来说，较早的林超真的译本是这样翻译的：“一切哲学尤其是近代哲学之根本大问题，就是关于思想和真实的关系问题，换一句话说，也就是精神和物质的关系问题。……那些认为物质——自然界——本来存在的哲学家就属于唯物论的各派。”① 张仲实的译本对这一内容的翻译如下：“一切哲学，特别是近代哲学的最重大的根本问题，便是思维对存在的关系问题。……凡承认自然界为基本东西的，则属于各种不同的唯物论。”② 目前我们最常见的译本是这样翻译的：“全部哲学，特别是近代哲学的重大的基本问题，是思维和存在的关系问题。……凡是认为自然界是本原的，则属于唯物主义的各种派别。”③ 正如人们所指出的那样，其中变化最为突出的是“本原”的翻译——它“从最初的‘精神先存在’，到后来的‘精神’先于自然界

① 林超真编译：《宗教·哲学·社会主义》，上海：亚东图书馆1929年版，第299—301页。

② 《费尔巴哈和德国古典哲学的终结》，张仲实译，上海：解放社1949年版，第34—36页。

③ 《马克思恩格斯文集》第4卷，北京：人民出版社2009年版，第277—278页。

而存在，再到‘精神对自然界来说是本原的’，这里显然……是概念意思上的改变。”① 这种术语的遴选和修改证明，《费尔巴哈论》的翻译已经达到了相当高度水准。

第二个例子是一篇整体讨论《费尔巴哈论》译本改动的文章——《〈费尔巴哈论〉译文的修改情况》②。中央编译局的编译人员所撰写《〈费尔巴哈论〉译文的修改情况》针对的是《马克思恩格斯选集》第4卷译文存在的两个主要问题：其一是对之前不确切的译文进行修订，其二是对原译文中遗留的俄文的表达方式进行了修订。③ 应该说，编译人员对以前译文中的一些不准确甚至错误的地方进行了校正，有些校正仅仅是字面上的修改，有一些则是根本性的改变。比如第一种情况，有这样一句话，“Ebensowenig wie die Erkenntnis kann die Geschichite einen vollendenden Abschluss finden in einem vollkommen Idealzustand der Menschheit”。这句话最初被译为：“历史同认识一样，永远不会**把人类的某种完美的理想状态看作尽善尽美的**”，但这句话的真正内涵是：“历史不会达到完美的理想状态而终结”，据此，他们把原译文改为“历史同认识一样，永远不会**在人类的一种完美的理想状态中结束**”。④

对于第二种情况，俄文译文在翻译过程中可能就存在着问题。比如：“Die Menschen machen ihre Geschichte, wie diese auch immer ausfalle,

---

① 徐素华：《马克思恩格斯著作在中国的传播：MEGA^2 视野下的文本、文献、语义学研究》，北京：中国社会科学出版社2013年版，第119—120页。在这部分，尽管我在查看到徐素华引用的几个译本之前已经注意到了这些区别，但本文在这里仍直接采用了徐素华的研究成果。

② 这篇文章作为附录收录于吴振海主编：《〈费尔巴哈论〉教程》，天津：天津人民出版社1987年版，第214—252页。此文最初发表于《马列著作编译资料》第2辑，北京：人民出版社1979年版。本书在这一部分基本上摘录的是这篇文章的内容。

③ 众所周知，《费尔巴哈论》的最初中译本是从俄文转译过来的。如果说我们像伽达默尔所说的那样认为文本具有不可译性，那么转译就会出现更多的问题。或许这就是人们强调要回到（原始）文本，并强调要以 MEGA^2 来翻译《费尔巴哈论》的最根本原因。

④ 吴振海主编：《〈费尔巴哈论〉教程》，第246页；另参见《马克思恩格斯文集》第4卷，北京：人民出版社2009年版，第270页。

indem jeder seine eignen, bewusst gewollten Zwecke verfolgt, und die Resultante dieser vielen in verschiedenen Richtungen agierenden Willen und ihrer mannigfachen Einwirkung auf die Aussenwelt ist eben die Geschichte.” 这段话最初译为：“人们通过每一个人追求他自己的、自觉预期的目的而创造自己的历史，却不管这种历史的结局如何，而这许多按不同方向活动的愿望及其对外部世界的各种各样影响所产生的**结果**，就是历史。” 后来编译组人员将之改译为：“无论历史的结局如何，人们总是通过每一个人追求他自己的、自觉预期的目的来创造他们的历史，而这许多按不同方向活动的愿望及其对外部世界的各种各样作用的**合力**，就是历史。”① 对于这句话，我们来看一看关键词“Einwirkung”，如果将之译为“影响”，从字面上看似乎也没有什么错误，但是如果将之译为“合力”，那么这会解决人们对唯物史观的攻击，并处理好个人意志与历史规律之间的辩证关系。应该说，这是一个较好的处理方式。但是，这篇文章中的一些改译也有一些不尽如人意之处。比如：“Wie in Frankreich im achtzehenten, so leitete auch in Deutschland im neunzehnten Jahrhundert die philosophische Revolution den politischen Zusammenbruch ein.” 原文曾译为：“正像在十八世纪的法国一样，在十九世纪的德国，哲学革命也作了政治变革的前导”，编译组成员将之改为：“正像在十八世纪的法国一样，在十九世纪的德国，哲学革命也作了政治崩溃的前导。”② 但是我们如果再考察一下最新的中译本就会发现，译文仍然保留了“政治变革”的译法。实际上，如果我们根据恩格斯文章的现实语境不难看出，“变革”仍然是一个更加恰当的译法。

① 参见吴振海主编：《〈费尔巴哈论〉教程》，第 251—252 页；《马克思恩格斯文集》第 4 卷，北京：人民出版社 2009 年版，第 302 页。

② 吴振海主编：《〈费尔巴哈论〉教程》，第 251 页；《马克思恩格斯文集》第 4 卷，第 267 页。现在的译文是：“正像在 18 世纪的法国一样，在 19 世纪的德国，哲学革命也作了政治变革的前导。”

（三）“Ausgang”的翻译问题：一个个案

《费尔巴哈论》的德文全称是：*Ludwig Feuerbach und der Ausgang der klassischen deutschen Philosophie*。尽管我们在上文已经提到了翻译人员对《费尔巴哈论》中很多核心思想和术语的翻译进行了反复斟酌，无疑，这对我们准确把握恩格斯的思想非常关键，但还有一个关键术语的翻译及其理解需要给予重点关注，那就是究竟如何翻译和理解恩格斯这篇论著之题目中的术语“Ausgang”。

根据《新德汉词典》，“Ausgang”的含义有8项之多，其中与《费尔巴哈论》相关的包括：“结果、结局”，“末端、尽头……（一个时期的）末尾、结束”，“出口、出口处”以及“开端、起点、出发点”等含义。在《费尔巴哈论》中，最贴近的含义应该是“（一个时期的）末尾、结束”，这个时期可以理解为“德国古典哲学时期”。但是，如果认为恩格斯在使用“Ausgang”时仅指这个时期的结束，那么有一些问题是难以理解的，比如对黑格尔以及青年黑格尔派之思想的理解和评价问题。[①] 但从另外一个角度来看，这个术语毕竟还包含着另外一个含义——“开端、起点、出发点”。这是不是意味着，恩格斯是在指证费尔巴哈的唯物主义哲学为当时的哲学思想在思辨哲学领域内绕圈子指出了一条新的路向呢？这一点在《费尔巴哈论》的结尾处似乎能够得到

① 我们在恩格斯晚年的很多著作中都看到，对黑格尔以及马克思批判尤甚的布鲁诺·鲍威尔，恩格斯都给予了较高的（同时也是较为客观的）评价。对于黑格尔及其哲学的积极评价，我们在《费尔巴哈论》中就能够窥见一斑，比如他在直陈黑格尔及其哲学的巨大影响时指出：“可以理解，黑格尔的体系在德国的富有哲学味道的气氛中曾发生了多么巨大的影响。这是一次胜利进军，它延续了几十年，而且决没有随着黑格尔的逝世而停止。”（《马克思恩格斯文集》第4卷，北京：人民出版社2009年版，第273页。）其中，我们还看到了恩格斯对青年黑格尔派的褒扬。除此之外，恩格斯还专门撰文赞扬鲍威尔在思想领域中的革命性作用。在1882年4月份撰写的《布鲁诺·鲍威尔和早期基督教》一文中，恩格斯对鲍威尔的历史价值和地位给予了较高的评价，他认为，尽管人们（即官方神学家）对鲍威尔的逝世持有一种冷漠的态度，但是后者“比所有这些人更有价值”。因为在解决早期基督教如何能够产生并取得历史统治地位，并使之从一个被压迫阶级的宗教转变为“罗马世界专制皇帝的最好手段”问题上，“布鲁诺·鲍威尔的贡献比任何人大得多”，尽管这些研究仍然存在这样或那样的问题。参见《马克思恩格斯全集》第19卷，北京：人民出版社1963年版，第327—329页。

佐证，因为恩格斯在那里指出，在“有教养的”阶级抛弃理论转向实践的过程中，德国人似乎失去了理论兴趣。但在他看来，“德国人的理论兴趣，只是在工人阶级中还没有衰退，继续存在着。在这里，它是根除不了的”。而且只有德国的工人阶级及其主导的社会运动才是真正的“德国古典哲学的继承者”。[①] 在某种意义上，德国古典哲学在终结的地方直接指向了另外一个出路，那就是马克思主义。

但是在翻译过程中，由于理解上的问题，各种版本的不同译法却导致了各种误解。比如在英文版中，较为流行的译本对“Ausgang”的就有两种译法，一种是译为“Outcome”（结果、成果），另外一种就是“End”（终结、目的）。但是，《马克思恩格斯全集》中文版在翻译这个术语时，基本上采取的是第二种译法，即将“Ausgang”译为“终结”。然而，这种翻译却最终导致了人们对马克思和恩格斯对待德国古典哲学甚至是对哲学的态度产生了误解。因为，根据后一种译法，德国哲学（尤其是思辨的观念论哲学）随着马克思主义的出现已然消亡，从此以后再没有哲学可言。

正是为了矫正上述翻译所带来的理解上的误解，所以一些专业的哲学家兼翻译家才主张重新理解这个术语，矫正以前的翻译。贺麟先生即为一例。根据他的回忆，中央编译局和中央党校专门就《费尔巴哈论》的翻译修改召开了一个研讨会，他在会上指出，“Ausgang”“译为‘出发’或‘出路’比较合适”，他的理由除了“Ausgang”的本义外，还有两个文本上的证明，其一是“至于费尔巴哈，虽然他在好些方面是黑格尔哲学和我们的观点之间的中间环节”；其二是“在这种情况下，我感到越来越有必要把我们同黑格尔哲学的关系，我们怎样从这一哲学出发又怎样同它脱离，作一个简要而又系统的阐述”。[②] 贺麟先生指出，根据恩格斯的论述，费尔巴哈在黑格尔哲学和马克思主义哲学之间作为中间环节确实起到了重要作用。既然是中间环节，那么题中应有之义

---

① 《马克思恩格斯文集》第4卷，北京：人民出版社2009年版，第312—313页。

② 《马克思恩格斯文集》第4卷，北京：人民出版社2009年版，第265—266页。

是，它既非某个理论体系的开端，也不是一个理论的终结点，它仅仅是为某个走到穷途末路的哲学找到一个桥梁。① 不难看出，贺麟先生的理解与恩格斯的解释是一致的。

如果将贺麟先生的观点加以拓展和具体化，那么对于费尔巴哈来说，他在以黑格尔为核心的德国古典哲学中确实起到了桥梁作用，因为当思辨哲学在面对幽暗闭塞的社会现实面前而无所作为时，就必须寻找另外一个出路。找到这个出路的人，恩格斯看来，就是费尔巴哈，而这个出路，就是他的"唯物主义"。如若要把"Ausgang"翻译为"终结"，那么这种"终结"也仅仅是针对以黑格尔哲学为代表的思辨哲学的"终结"，而不是整个西方哲学思想，甚至不是其他哲学体系的终结。② 但对于西方哲学中的其他哲学流派来说，费尔巴哈甚至对其产生和发展没有产生任何影响。③

也许正是认识到了这一点。朱光潜先生才提出了与贺麟先生译法不同、内涵一致的译法，即"结果"或"成果"。朱先生也通过马克思恩格斯的文献指出，把"Ausgang"译为"终结"或"终点"的译法显然没有充分考察到原作者的意图，因为不管是在马克思的《资本论》中，还是在《费尔巴哈论》中，都不能让马克思和恩格斯的理论达到内在的一致性。朱光潜进而指出，英、法、俄等译本对"Ausgang"的翻译都不准确，中文更是以讹传讹。在"1962 年柏林德国科学院新出版的多卷本《现代德语大词典》"中，在例证"Ausgang"的第 44 项的含义时，列举的就是恩格斯的《费尔巴哈论》，在这里它的含义是"一个时间段落"，同时通过对照 1964 年出版的马克思的《1844 年经济学哲

---

① 中央编译局马克思恩格斯室编：《马克思恩格斯著作在中国的传播》，北京：人民出版社 1983 年版，第 176—177 页。

② 我们在下文将会指出，就算是费尔巴哈，也没有完全"终结"黑格尔派哲学或"唯心主义"，因为他在实践领域仍然在继续坚持"唯心主义"。这也是马克思恩格斯批判费尔巴哈"半截子唯物主义"的原因之一。

③ 比如，费尔巴哈同时代的叔本华和尼采的意志论哲学甚至之后的现象学等都仍然在西方哲学传统中占据着重要甚至是主流位置。

学手稿》的译本，得出了译为“结果”或“成果”更为合理的结论。①尽管这种译法也具有一定的模糊性——在中文当中，人们很少将“结果”或“成果”理解为阶段性的，而是一般将之理解为结论性的——但这毕竟肯定了德国古典哲学的价值和意义，因而也为开放性理解它留下了空间。

通过“Ausgang”的翻译不难看出，包括《费尔巴哈论》在内的马克思恩格斯著述的中文译本在翻译者和研究专家的努力下变得越来越准确可信。所以我们有理由相信，随着整体编译水平的提高，人们不再经过转译（主要是经过俄文版和日文版等），而是越来越直接面对最初乃至最原始的文本——《马克思恩格斯全集》中文第二版基本上是依据原文（即最权威的版本 $MEGA^2$）翻译过来的——所以《马克思恩格斯全集》第二版的翻译应该是值得信赖的，当然前提是在翻译过程中必须充分借鉴前人的研究、翻译成果。当然，由于收录《费尔巴哈论》的 $MEGA^2$ 第 I 部门第 30 卷刚刚于 2011 年出版，《马克思恩格斯全集》第二版还没有翻译和出版这一文献，所以未来是值得期待的。②

（本文来自 2016 年中央编译出版社出版的田毅松所著《恩格斯〈路德维希·费尔巴哈和德国古典哲学的终结〉研究读本》有关内容。）

---

① 关于马克思，这里指的是他在《资本论》第 1 卷第二版的跋中对黑格尔及其哲学的尊重和强调——“我公开承认我是这位大思想家的学生，并且在关于价值理论的一章中，有些地方我甚至卖弄起黑格尔特有的表达方式。辩证法在黑格尔手中神秘化了，但这决没有妨碍他第一个全面地有意识地叙述了辩证法的一般运动形式。”（《马克思恩格斯文集》第 5 卷，北京：人民出版社 2009 年版，第 22 页）关于恩格斯，指的则是在《费尔巴哈论》结尾处的论断——“德国的工人运动是德国古典哲学的继承者。”（《马克思恩格斯文集》第 4 卷，北京：人民出版社 2009 年版，第 313 页。朱光潜：《美学拾穗集》，北京：百花文艺出版社 1980 年版，第 43—44 页。）

② 值得注意的是，尽管有些版本在 $MEGA^2$ 中已经有了最新版本，但这些最新成果在最新翻译的马克思恩格斯文献中并没有体现出来。比如《资本论》及其手稿在 $MEGA^2$ 中作为一个部门单独列出，并且已经完全出齐，然而有的学者指出，不管是《马克思恩格斯全集》第二版的第 44—46 卷，还是《马克思恩格斯文集》第 5—7 卷，都没有吸收 $MEGA^2$ 的编辑成果。

費尔巴哈論

世界名著譯叢之二

費爾巴哈論

（原名“費爾巴哈與德國古典哲學的末日”）

恩格斯著

張寶仲譯

上海生活書店發行

中華民國二十七年二月

目次

譯者序言

恩格斯的這本書，可說是新興哲學的經典。書雖是個小冊子的形式，但是裏面關於新興哲學的各項基本問題，都有簡單而扼要的原則上的闡述，所以偉大的新興哲學家，都是拿本書作圭臬的。

普列漢諾夫鑒於十九世紀末期俄國思想界的混亂，便特別把恩格斯的這本書譯成俄文，介紹給俄國讀者。他在俄文譯本初版中有一篇簡短的序言，其中說道：

「意氣洋洋的反動勢力，現在在我國也穿上了哲學的盛装、比如哲學與心理學問題雜誌，便是證據。六十年代的否定潮流，被人輕蔑，視作輕率膚淺的一種東西，而阿斯達菲葉夫，洛巴丁之流以及類似他們的寶貝們，都被認做傑出的哲學大家。……俄國的社會主義者不可避免地要注意這種哲學上的反動勢力，因而他們不得不來研究哲學。在這一領域內，——像在經濟學和政治學方面一樣，——馬克思和恩格斯將是他們的最可靠的指導者。現在提供的這本小冊子，便是這兩位思想家的哲學觀點之最充足的寶庫。」

這是普列漢諾夫在一八九二年說的。此後，俄國思想界的混亂情形，更加烏煙瘴氣。「俄國的社會主義者，的確從事於哲學的研究了。但因爲他們研究的很遲，很倉卒，所以所得的結果，不盡令人滿意。」（普列漢諾夫語，見他對本書俄文本第二版序言）有時，他們做了「哲學書籍的俘虜，」因爲「他們對於他們所研究的著者，不曉得持批判的態度，而結果自己反接受這些著者的影響。當時的哲學，不僅在俄國而且在西方，既然都帶着反動的徽章，於是反動的內容就灌輸到革命的頭腦中去，而開始造成絕大的糊塗思想，……馬克思主義可以與隨便一種學說相結合，甚至可以與唯靈主義相結合。」（同上）九十年代下半期的俄國知識份子，便是這樣囫圇吞棗地研究新興哲學的。他們「思想的弱點，」就是「不能嚴格澈底的堅持在一個基本的原則上面，」換一句話說，他們　不能瞭解馬克思。」因此，普列漢諾夫爲了糾正這一毛病，於一九〇五年在本書俄文本第二版時，特地寫了一萬五千餘字長的序言，更加强調地指出本書的意義。其中他說道：

「怎樣救濟這種不幸呢？除了傳播馬克思和恩格斯的正確的哲學見解以外，我不知道有別種辦法。但在這種意義之下，我想這本小冊子可以有很大的貢獻。」

伊理奇對於這本書的重視，更不用說了。他在他的名著唯物論與經驗批判論裏面，引舉本書去駁斥馬赫主義者及不可知論者的地方，有好幾十處。

我介紹本書的動機，是跟介紹社會科學的基本問題的動機一樣的。我們知道，近一兩年來國內出版界有一個嚴重的缺點，就是各家所出版的東西，形式與內容，差不多都是千篇一律的。要補救這一缺點，只有介紹世界名著，提高學術研究的水平。在這一動機之下，除社會科學的基本問題外，又介紹了這本書，想來讀者一定是歡迎的。

古典著作，文字多半艱深，是很難譯的；加以我的學識，又很淺陋。所以，本書譯筆如有不安之處，尚希讀者予以善意的指教，以便再版時改正。

譯者於一九三七年八月一日

偉大的哲學家

E. Sitkovski

> 一九三七年九月十三日，是費爾巴哈逝世六十五週年（依此推去，卽逝世於一八七二年），蘇聯各報，都揭載論文表示紀念，眞理報且出有特刊。本文係敍述費氏的生平經歷，簡單明瞭，不啻他的略傳。譯者以爲讀者能事先明瞭費氏的時代背景和生活經歷，然後再來研讀恩格斯的巨著，當獲益更深，因此特將此文譯出，附在這裏，以便參考。
>
> 譯者

1

費爾巴哈是馬恩二氏最切近的前輩，他是唯物論哲學家的明星中最光耀的一個。

費爾巴哈生於一八〇四年，是個刑法教授的兒子，他的家族給德國出了好多傑出的哲學家。起初他打算造就成一個神學家。但自一八二四年他在柏林聽了黑格爾的講義以後，他便改變了他的企圖。在這一時期，他就認定，神學對他已經死滅了，而他對神學也已經死亡了，並認定神學已是個屍體，他不想拿它再給自己做未婚妻了。他跟卑劣的牧師分離，而跟亞歷士多德、斯賓諾莎、康德、黑格爾攜手，——他在給他父親的信中這樣寫着。於是他變成了一個黑格爾派哲學家。

一八二八年，費爾巴哈在大學畢業，提出論文，在論文中，他是站在唯心論的黑格爾派的立場上面。但值得注意的，就是他在這一時期已經吐露出了好多思想，這些思想便作了他以後對黑格爾的批評的發展和轉向唯物論的立場之基礎。

一八二九年，費爾巴哈任愛蘭根大學助教之職，從事教育的活動。不過這一活動，爲時不久。一八三〇年，費爾巴哈出版了死與不朽的思想一書，在這部書中他反對基督教人格不朽的教條。

在此書出版以後，費爾巴哈還發表了幾篇關於哲學史的精彩論著，這幾篇論著使他在德國學術界的聲明大著。但是費氏還沒有弄得大學的講座。

雖然死與不朽的思想一書，他是用筆名發表的，可是後來人家都曉得，這部背叛的著作是他所寫的。牧師們都開始對他大加抨擊。愛蘭根大學副校長，曾要求費爾巴哈證明他不是罵神著作的作者，但費氏則拒絕這個要求了。

忠於科學事業，遵守原則，態度磊落，這就是費爾巴哈為人的特色。他對反對他的牧師們說道：「我寧願跟眞理攜手，做個小鬼，而不願跟虛僞攜手，做個安琪兒。」繼續教育活動的問題，猝然湧上心頭。一八三七年，費爾巴哈便退居鄉村，過隱居生活，從事文學活動有二十五年之久。

連列寧所說的一樣，從一八三六年起，費爾巴哈就「開始批評神學，而轉向唯物論」。到一八四一年，他在他的有名的基督教的本質一書中，已經公開而完全地站在唯物論與無神論的立場上。該書在當時的德國曾引起了很大的風波。

唯心論在德國統治了一百多年，眞正而現實的人都受了種種唯心論的幻想所沮喪。現在居然出現了一位哲學家，他打破黑格爾學派，在德國首次宣佈了唯物論和無神論，他所引起的風波，自然是很大的。

基督教的本質所引起的印象，震撼了一時。各色各樣的牧師，都咒駡「德國的斯賓諾莎，」正如當年阿姆斯特丹的猶太教會咒駡荷蘭的斯賓諾莎一樣。牧師用念費爾巴哈名字來代替符咒。

然而左派黑格爾主義者，對於費爾巴哈的天才的著作，却極端歡迎。該書對於年輕的馬恩兩氏，有着很大的影響。恩格斯證明了這一點。唯心論的魔法，把德國人整整重壓了一百多年。黑格爾主義者很牢固地糾纏在思想與自然的矛盾中。「這時——恩格斯說——便出現了費爾巴哈的基督教的本質一書。該書曾一下子解決了這一矛盾，而重新毫無保留的宣佈了唯物論的勝利。魔法曾經解除了；『體系』曾經被擊破，而丟掉了；矛盾僅由於發現它只是存在於幻想中這種情形，便解決了。」

費爾巴哈爲了答覆牧師們的抨擊，曾加緊他的無神論活動。他說：「要是牧師是有理智的，那末他們定是陰險，不正直，虛僞的；要是他是正直，善良的，那末他們一定是愚蠢的。」

一八四二年，費爾巴哈出版了哲學改革芻議，一八四三年又出版了未來哲學的基礎。這些著作，都是費爾巴哈的唯物論之主要文件。

費爾巴哈，在一八四八年革命的前夜，對康敏主義的觀念，就感興趣。一八四五年初，恩格斯給馬克思的信中說道：「大體說起來費爾巴哈是個康敏主義者，在他看來，問題僅歸結於康敏主義的實現方法。」

在以後諸年，費爾巴哈對康敏主義的興趣，越發加强。費爾巴哈研讀着馬克思的資本論。一八七〇年，他加入德國社會民主黨。他列在德國知識份子的極左派以內，而是一個革命的民主主義者。

一八七二年，費爾巴哈，因處境十分貧困，遂生病逝世。在安葬時，工人的代表會發表演說。德國社會民主黨的代表，梅明格爾在其演說中說道：「我代表地球上的一切社會主義者共和派，代表國際工人協會（卽第一國際——譯者）代表德國社會民主黨，代表他的朋友——魏揚，馬克思，雅柯比，柏柏爾，及李卜克內西，敬向高尙的安息者獻以尊榮的掛冠。」

費爾巴哈的唯物論，對馬恩二氏唯物論宇宙觀的形成上，曾有很大的影響。不過馬恩二氏除對費氏盡了敬重的義務外，並且前進的更遠，而在建立普羅哲學學說的道路上，必然對費爾巴哈唯物論的缺點，要加以辛辣的批評，而且已經加了以嚴峻的批評。

一切先進的人們，都研讀費爾巴哈的著作。德國的法西斯蒂暴徒，消滅了人類文化的一切優秀的成就，他們是二十世紀的食人者，他們把世界推在第二次帝國主義大屠殺的懷抱裏面。人類的這種廢物，今日對於費爾巴哈，則沉默不言。這位偉大哲學家的著作，在他的祖國，不是遭受禁止，便是被焚毁了。

在蘇聯，費爾巴哈的大作，深深地印在人的心中。他的著述，他的古典勞作，都收在工人階級的觀念寶庫裏面。費爾巴哈的勞作，在爭取全世界康敏主義勝利的工人階級之武器庫中佔着榮譽的地位。（譯自一九三七年九月十一日蘇聯眞理報）

費爾巴哈與新興哲學

M·米丁

本文也是眞理報費爾巴哈逝世六十五週紀念特刊論文之一，要旨是闡發費爾巴哈在唯物論宇宙觀發展史上的作用與意義。作者米丁是現在蘇聯極有名的哲學家，他的意見，也値得注意。因此，也把它譯出來，以供讀者參考。

譯者

上世紀三十和四十年代的德國，正是一個封建制度加速度解體的國家。資產階級和普羅階級的生長，使社會各階層間的鬥爭日益尖銳化。一八四八年的革命風暴一天天逼近了。德國民衆當中的先進層級，一年比一年醒覺。在思想方面，反對宗敎和反對反動勢力的鬥爭，也一天天展開。

立於支配地位的封建反動勢力，不許任何反對的和革命的觀點，公開地出現於政治舞台。所以，鬥爭是燃燒在宗敎、哲學諸問題的週圍。這一鬥爭，雖具着哲學的方式，但却有着革命化的意義。

在三十年代，黑格爾哲學的影響，在德國會達到了頂點。它浸入到科學和文化的各種領域裏面去，甚至浸入到通俗讀物和日報裏面去。

不過，連馬恩二氏所說的一樣，「黑格爾主義」在各線上的這種勝利，同時，也就是黑格爾派中間巨大內訌的序幕。事實上，在這幾年裏面，黑格爾學派正開始解體，所謂左派黑格爾主義者和右派黑格爾主義者間的鬥爭日益展開了。

在這種環境之下，便形成了費爾巴哈的觀點。費爾巴哈是個左派黑格爾主義者。自一八三六年起，他開始批評神學，而轉向唯物論。到一八四一年，在他的有名的基督教的本質一書裏面，他的唯物論的觀點，已經完完全全地佔了上風。一八四二——四三年，他繼續出版了幾部著作，在這些著作中，他對黑格爾的唯心論，曾加以嚴竣的批評。由於他的基督敎的本質一書，費爾巴哈便成了當時智力鬥爭的領導者。

這一書的意義是特別巨大的。它是德國社會思想發展的一個重要階段。恩格斯在他的費爾巴哈論一書中，會說費爾巴哈在基督教的本質裏面，毫無保留地宣佈了唯物論的勝利。當該書出版的時候，人人與高彩烈，馬上都成了費爾巴哈的信從者。恩格斯說道：「誰沒有受過該書的解放的影響，那他就不能夠想像這一個影響的。」（註一）

在法國，十八世紀偉大的法國唯物論者和無神論者的著作，會作了一八八九年資產階級革命的思想上的準備；同樣，費爾巴哈的著作，也是一八四八年德國革命的思想準備中的一個重大的因素。

費爾巴哈對黑格爾的唯心論，會加以堅決的批評。他表明，黑格爾的唯心論，無非是神學的最後一個堡壘，並說黑格爾的絕對觀念說，在本質上乃是宗教上所謂自然界爲神所創造的學說之哲學上的表現。

費爾巴哈關於存在和意識的相互關係的問題，很爽直地表明了他的唯物論的觀點。費爾巴哈會說，思維並不是存在之因，而是存在之果，更確切些說，是它的性質。我有知

（註一）見恩格斯費爾巴哈論。

覺，能思索，因爲我是個眞實的物質實體。並非是意識決定着存在，反之而是存在決定着意識。人類乃是存在的一部分，自然的一部分。時間與空間，乃是物質存在的方式。這就是表明費爾巴哈唯物論立場的若干重要公式和思想。

費爾巴哈在批評黑格爾的唯心論時，在本質上只限於否認它，把它當作無用的東西，丟掉了。他沒有用批評的武器，把它克服。這一任務，曾落在馬恩二氏的肩上了。兩氏不僅丟掉黑格爾的唯心論，而且克服了它，保留了那是黑格爾體系中最有價最合理的東西——辯証法。

列寧在唯物論與經驗批判論一部天才的著作中，把費爾巴哈在唯物論發展史上的作用和意義，估價很高。在反對馬赫派的唯心論的反動的鬥爭中，在反對二十世紀初好戰的宗教主義的鬥爭中，列寧曾引舉了好多費爾巴哈的意見——反對唯心論，反對所謂生理學的唯心論的論據，並且表明在現在的條件之下，費爾巴哈唯物論的武器，如何還可利用來與唯心論作鬥爭。

列寧說道：「費爾巴哈，馬克思，及恩格斯的整個學派，是由康德走向左面，走向完全否認一切唯心論和一切不可知論。」(註二) 列寧在揭穿波格達洛夫、巴查羅夫、右什凱維赤及其馬赫派的詭計時，謂馬克思和恩格斯並非是批評費爾巴哈的唯物論，而是批評他的唯物論的狹隘性，批評他不能夠把他在解決哲學基本問題上的唯物論觀點，傳播到歷史，傳播到人們的社會生活裏面去。

而且就對宗教的批評、對宗教本質的說明、關於道德的學說、以及一般他對社會生活的觀點而論，費爾巴哈仍是個唯心論者。現實的，眞實的人，乃是歷史發展的產物，而生活在一定的社會關係之中，但費爾巴哈則不然，他所說的人是一般的，是人的一種抽象的血緣東西。費爾巴哈是以內感的人作爲他的哲學的基礎。不過，正因爲他不懂人們的歷史發展，所以，他把這種人仍弄成了抽象的人，一般的人。

費爾巴哈是個信仰堅定的無神論者和反對宗教和牧師反動的戰士。但是他想用

(註二)見列寧文集十三卷，一六七頁。

一種新的宗教，來代替舊的基督教，

費爾巴哈提出了一個完全唯心論的原則，謂人類的各時代，可用宗教方面的變迁，彼此區別開來。他對牧師們的反動勢力雖給了一個嚴重的打擊，並成了一個戰鬥的無神論者，但是他却不能做到揭開宗教在社會中的眞實根源。列寧曾指出謂，費爾巴哈的批評和反對宗教的鬥爭，乃是急進資產階級的無神論的形態之一。眞正揭開宗教根源和各種宗教觀念來源的角色，才有馬克思主義來充當了。這遂造成了眞正反對和克服這種卑劣的愚弄羣衆的方法的基礎。

費爾巴哈認爲道德的根基是人們求幸福的志向。據他的意見，要做個善者，須求謀自己的幸福，會正確地權衡自己的行爲結果，並敬重他人永幸福的志向。

恩格斯在費爾巴哈論這部天才的著作中，揭穿了這種「理論」的本質。他說：「不論費爾巴哈的企圖和期望是怎樣的，但是他的道德則是用今日資本主義社會的尺寸剪裁成的。」(註三)

雖然是這樣，但費爾巴哈對於馬恩二氏哲學觀點的發展，仍有極大的影響。他是辯證唯物論的前驅之一。列寧曾說，經費爾巴哈的觀點的媒介，「……大家都曉得馬恩二氏曾從黑格爾的唯心論走向了他們的唯物論哲學。」（註四）

在他倆哲學發展的早期，馬恩二氏就看見了費爾巴哈的缺點。兩氏自做了費爾巴哈的追從者以後，同時並獨立地開闢了走上辯證唯物論的大道。馬克思於一八四三年在一篇文章裏面說道：「空論的神學家和哲學家，我忠告你們：要是你們希望究明事物，它們在現實中怎樣存在着，換一句話說，要是你們希望要究明眞實，那末你們就應當擺脫舊的空論哲學的概念和偏見。除經過費爾巴哈的道路以外，你們再沒有別的達到眞理與自由之路。費爾巴哈是『火流，』它是吾儕時代的滌罪所。」（註五）你瞧吧，馬克

（註三）見恩格斯費爾巴哈論。

（註四）見列甯文集十三卷，六八頁。

（註五）見馬恩文集，卷一，一三四頁。

恩在這裏把費爾巴哈的作用和意義，評價極高，認爲他是當時的滌罪所，是走上唯物論的唯一道路。

同時，馬克思於同年致魯格的信中說道：「依我的觀點看來，費爾巴哈箴訓所受的苦痛，正在於他重視自然的地方太多，重視政治的地方太少。不過這是一個唯一的聯合，由於這一聯合，現在的哲學才變成了觀念的。」(註六)

馬恩二氏在神聖的家族（一八四四——四五年）一書裏面，與少年黑格爾主義者，與巴威爾兄弟的觀點分手，而把費爾巴哈的作用和意義，評價很高。二氏認爲費爾巴哈是個以人自身代替「無窮的自我意識」的古董的人。

不過在這部書中，二氏還有崇拜「費爾巴哈偶像」之意，卽二氏後來在他們的通訊中也承認這一點。在德國意識形態（一八四五——四六年）一書中，馬恩二氏對於費爾巴哈的缺點，已作了展開的批評，而克服了它們，發展了辯證唯物論與歷史唯物論

(註六)同上，五三二頁。

的觀點。「因爲——二氏說——費爾巴哈是個唯物論者，他不研究歷史，所以他考察歷史，而並非是一個唯物論者。他把唯物論和歷史弄成彼此沒有絲毫聯繫的東西。」（註七）

由於唯物論與歷史之間的這種分裂，費爾巴哈對於改變現存關係的路徑問題，消滅社會罪惡的路徑問題，只是講了些一般的空話。因之，在「康敏主義的唯物論者，發見革新工業以及社會制度的必要和條件」的地方，他便陷入到唯心論裏面去了。（註八）

馬恩二氏克服了費爾巴哈哲學的偏狹性。他們澈底持續了對社會現象的唯物論觀點。他倆都是唯物史觀的創立者。那十九世紀中期政治科學及哲學的發展行程所提出而爲費爾巴哈所不能解決的任務，由辯證唯物論的奠基人，以一種獨立的政治力量躍登政治舞台的普羅階級的思想家——馬恩二氏所完成了。

* * * *

（註七）馬恩文集，卷四，三五頁。

（註八）同上書，三五頁。

費爾巴哈是德國民衆的偉大兒子。在上世紀三十年代末和四十年代初，他是德國前進的知識份子的智力的統治者。他的大名，用金字淺在唯物宇宙觀的發展史上。好戰的牧師和反動勢力，爲了他反對神學和宗教，把這位高尙的思想家，整整攻擊了一生。

現在在費爾巴哈的祖國裏統治着的是極黑暗極狂暴的資本獨裁。法西斯主義乃是文化和人類之最兇惡的敵人。它燒毀和消滅了人類思想的一切偉大創造力。費爾巴哈的著作，在德國一概被查禁或燒毀了。

蘇聯的民衆，於費爾巴哈逝世六十五週年之日，很敬重地紀念這位偉大的哲學家和唯物論者。他的著作，浸透着科學的熱誠，充滿着反對牧師主義和唯心論的烈火，及對人，對知識，對科學能戰勝愚昧的信仰。總之，費爾巴哈的著作，乃是在反對法西斯蒂反動和野蠻的鬥爭中訓練羣衆的有力手段。（譯自一九三七年九月十一日蘇聯眞理報）

1

序言

馬克思在他的政治經濟學批判（一八五九年在柏林出版）一書中述說了一個故事：我們兩人於一八四五年在比京布魯塞會怎樣共同着手來整理我們的「與唯心論的德國哲學觀點相對立的見解，——即馬克思所發見的唯物史觀，——爲的在事實上，把我們的從前的哲學信仰，加以淸算。這個企圖曾經以批評黑格爾以後的哲學的方式來完成了。原稿——八開本大的厚厚兩卷——交給威斯特發里亞（West, halia）的出版處以後，我們得到消息說，因環境已經改變，這部書不能付印了。我們也樂意把原稿讓老鼠去咬齧批評，因爲我們的主要目的——自己弄明白問題——已經達到了。」

自那時以後，過了四十多年，馬克思就逝世了，不論他或我，都沒有機會再討論到這個問題。關於我們對於黑格爾的態度，我們雖然曾經表明過，但是那只是片斷的，從沒有作過很充分的說明。至於費爾巴哈，在某種關係上，他是黑格爾哲學跟我們的宇宙觀間的聯接環，我們更沒有回顧到他了。

這個期間，馬克思的宇宙觀，遠在德國和歐洲的境外，在世界的一切文字語言中都找到了代表者。別一方面古典的德國哲學，在國外，尤其在英國和斯堪丁那維亞各國中，則有一種復活的樣子。甚至在德國，那以哲學名義在各大學所賜與的一點乞丐般的折衷湯，似乎也開始生厭了。

在這些情況之下，我一天天覺得很簡單而扼要地把我們對於黑格爾哲學的態度——我們曾經怎樣從它出發，並且怎樣跟他分離，來解釋一下，時機再不可錯過了。同樣，我認爲我們還有一個名譽的債務，就是要完全承認在這狂風暴雨和突擊的時期，費爾巴哈及於我們的影響，要比黑格爾以後任何其他哲學家大的多。所以，我接受新時代編者的要求，樂意草寫一文，來評述斯達克氏論費爾巴哈的一書。我的論文是載在一八八六年該雜誌的第四第五兩期上面，現在重加修正印成單行本。

在這幾頁稿子未付印前，我又找出一八四五——一八四六年的舊稿(註)重讀了一遍。其中關於費爾巴哈一章，並未寫完。已寫好的一部分，是解釋唯物史觀，這種解釋證明當時我們關於經濟學史的知識是如何的不完全。其中關於費爾巴哈學說的本身，未有批評；——因此，這一部分舊稿對於我們的目的是沒有用處的。可是正因爲如此，我在馬克思的一本舊扎記中却找到了十一條論費爾巴哈的大綱，就把牠拿來作爲本書的附錄。這本是一個隨筆草成的綱要，以後還要詳加整理，並不打算付印的。但是這幾條意見却是非常寶貴的第一個文件，它包含着新宇宙觀的天才萌芽。

恩格斯，一八八八年二月二十一日，倫敦。

（註）現在這個原稿（除失掉的幾章外）由莫斯科馬恩列學院完完全全根據德文刊在 Marx — Engels Gesamtausgabe 第五卷以內。這部著作的俄語譯文，係刊在馬恩文集第四卷裏面。—

—譯者

一　黑格爾與費爾巴哈

放在我們面前的這部書（註一）使我們後退到一個時代去，這個時代距我們不過一代之久，但對於今日的德國卻很疏遠，似乎相隔一百年了。然而這卻是德國準備一八四八年革命的一個時代，那以後所發生的一切，不過是一八四八年的繼續革命的精神遺囑的履行吧了。

正像在十八世紀的法國一樣，十九世紀德國的哲學革命曾作了政治破產的預兆。可是這兩個哲學革命卻是如何的不相似啊！法人曾對一切官方的科學，對敎會，有時乃至對國家作過公開的戰鬪；他們的著作，拿到國外——荷蘭或英國去印刷，而他們本人則常常被囚在巴士蒂監獄（註二）裏。反之，德人是一些敎授，一些國家所委任的青年敎師；他們的著作，是官廳所嘉許的敎科書，黑格爾的體系——一切哲學發展的大成——在某種程度上，甚至高陞到普魯士王國國家哲學的地位。難道在這些敎授們的背後，在他們的學究無識的文字中，在他們的拙笨枯燥的文章裡面隱藏着革命嗎？難道那時算作革命的代表者的人們——自由主義者——不是很激烈的反對這種使人頭腦昏厥的哲學的份子嗎？然而不論政府或自由派都未能察覺的，至少於一八三三年就有一個人看出來了，這個人叫做海涅（Henri Heine）。(註三)

舉個例子來說。哲學論題裡面從來沒有像黑格爾的下面一個有名論題曾受過近視的政府方面的如此優遇和同樣近視的自由派方面的如此憤怒：「一切眞實皆是合

(註一)係指斯達克(VonC. N. Starke)著的費爾巴哈論，一八八五年在司徒嘉(Stuttgart)出版。

(註二)巴士蒂 (Bastille) 監獄是法國大革命前巴黎拘囚政治犯的國家監獄。在法國大革命諸日，這個監獄爲暴動的民衆所襲擊（一七八九年七月十四日），後被燒毀。

(註三)按昂格斯的意思，係指有名的德國詩人海涅論德國一文而言，海氏在這篇文章中爲了給法國民衆解釋德國民族文化史（曾分爲三部分：第一部分是路德以前；第二部分是從路德到康德；第三是從康德到黑格爾），曾對德國哲學及其當時所履行的作用加以詳述。

理的；一切合理的皆是眞實的。」原來這話，很明顯的，是替現存事物作辯護，是在哲學上替專制主義，警察式的國家，行政的專橫，以及檢查制度作辯解的。威廉第三就是這樣想的；他的臣下也是這樣想的。不過在黑格爾，並不是凡存在的一切，未有遼遠的迂迴，都是眞實的。他以爲眞實的屬性（註四），僅屬於那同時是需要的東西。「在自己的發展中眞實就成爲必然了。」所以政府的每一設施——黑格爾本人則舉「某種稅捐」爲例——黑氏並非毫無遼遠的迂迴而承認爲一種眞實。不過，歸根結蒂，必然也成爲合理的；應用到當時普魯士的國家，黑格爾這一論題的意思，可歸結如下：這個國家當它是必然時，它是合理的，是適應於理性的。假使我們認爲它已經不適用，而它仍在繼續存在着，那末政府的不中用，可用臣民的相當的惡劣來辯解的。當時的普魯士人就有他們所應有的政府。

（註四）所謂屬性（Attribute），即物象的性質，這性質是與物象本身不可分割，而跟它是不斷聯繫着的。例如，辯證唯物論認爲運動是物質基本屬性之一：沒有運動的物質是沒有的。

所以，眞實並不是任何環境下任何時代某一社會制度或政治制度所固有的屬性。恰爲相反。羅馬共和國固然是眞實的，就是代它而與的羅馬帝國也是眞實的。法國的君主制度，在一七八九年是不眞實的了，換一句話說，業已失掉了任何必然性，業已不合理了，大革命（談到這次法國大革命，黑格爾總是與高彩烈的）應當把它毀滅掉了。這樣，這裏君主政體便成爲不眞實的了，而革命成了眞實的了。同樣，由於發展的原故，凡從前是眞實的，後來就變成不眞實的了，而消失了它的必然性，它的存在權利，它的合理性。於是新而有生活力的眞實代替了死滅着的眞實；如果舊的很賢明而未加抵抗，即行死滅，則代替是和平的；如果舊的要抵抗這種必然，則代替便是暴力的。因此，黑格爾的辯證法，把剛所考察的黑格爾的論題，變成它的正相反對的東西了：凡在人類歷史領域內的一切眞實的，與時並展，便變成爲不合理的，因而它由於它的定義已是不合理的，老早就含着不合理性；凡在人類頭腦中所認爲合理的，務必要變成眞實的，不管它跟現存的表面上的眞實事物是如何矛盾的。按照黑格爾的思想方法的規則，一切眞實皆合理的這個論題，竟變成了別一個論題：凡現存的都應當死亡的。

不過黑格爾哲學（這兒我們只是把它視作自康德以來哲學運動的末了一個階段）的眞正意義和革命性質就正在於它一下子永久結束了那以爲人類思想和行動的結果是一成不變的一切思想。在黑格爾看來，哲學所要認識的眞理，已不是搜集幾條既成的獨斷論題，把這些論題發現後，永遠牢記在心裏就夠了；現在眞理是包含在認識過程本身中，是在科學的長期歷史發展中，科學雖是從知識的最低階段升到最高階段，但是它從不會達到這種地步，就是它——尋求所謂絕對眞理（註五）——再不能前進一步，除靜坐默想這個已獲得的絕對眞理而外，它再無用武之地了。這不僅在哲學的認識方面是如此，就是在其他的認識，以及在實踐的行動領域內也是如此。跟認識一樣，歷史也是很少能夠停止的；它從來不會在某種完善的、理想的社會狀態中便算得到盡善

（註五）這兒按恩氏的意係指形而上學對絕對眞理的理解而言，形而上學把絕對眞理視作完備無昏、永久不變的知識。

盡美的境地；完善的社會，完善的「國家，」那只是在幻想中才能在存的東西凡彼此替換的社會制度，本身也不過都是人類社會由低到高的無窮發展中的暫時階段而已。每一階段都是必要的，因而在它要必然發生的時代和環境下面，都有它存在的理由。不過它在自己內部逐漸發展而來的新的最高條件面前，便動搖起來，而失去自己存在的理由了。它一定要讓位給最高的階段，這階段也要趨於衰落而死亡的。辯證哲學摧毀了一切完善的、絕對的眞理，以及與之相適應的人們的絕對關係等觀念，正如資產階級用大工業、競爭、及全世界市場的手段，在實踐上摧毀了一切固定的、永世受人尊崇的制度一樣。在辯證哲學看來，並沒有什麽永久完善、絕對神聖的東西。它在一切事物中都發現了要必然消滅的印跡；除過不斷轉化和毀滅的過程以外，除過無窮的由低級進到高級的向上過程以外，在它的面前任何東西都不能抗拒的。它本身不過是這一過程在思維的頭腦中的反映吧了。不容置疑的，辯證哲學也有保守的一面：它證明社會關係的認識的每個特定發展階段，由於該時代的環境的原故，有存在的理由，不過只是如此而已。它的保守主義是相對的，它的革命性質是無條件的，——這就是它所承認的唯一絕對者。

這一宇宙觀是否跟現今自然科學的狀態相適應，這裏我們沒有考察的必要。現在的自然科學關於地球本身預言了一個可能的終日，而關於地球的可居性預言了一個確實無疑的終日，因而人們說人類歷史將來不但有向上的分枝，而且也有向下的分枝。不過我們認爲，不論如何，我們現在距社會歷史運動開始由上向下的轉變點還是很遠的，因之我們不能夠强使黑格爾哲學去研究與它同時的自然科學還沒有提出議事日程的問題。

然而這兒必須要聲明的，就是我們關於上邊所說的觀點所解釋的，要比黑格爾所解釋的辛辣得多。這是他的方法必然要得的結論；不過他本人從來沒有這樣明白地作出這一結論。這是很明白的。因爲黑格爾曾不得已去建立體系，而哲學體系依照向來的習慣，須要用某種絕對眞理來完成。所以，黑格爾，一方面在他的邏輯學中曾說，永久眞理在事實上無非是邏輯過程本身，換一句話話說，卽是歷史過程；別方面，他又認爲自己不得不使這一過程有個終點，因爲他一定要拿一種東西來完成他的體系的。在邏輯學裏面，他又把這個終點作爲起點，因爲在那裏，這個終點，即絕對觀念（註六）——所謂絕對，係指關於它再絕對無話可說的意思——「自行發覺，」換一句話說，化爲自然，然後在精神中，即在思維和在歷史中，又回到自身。不過在全部哲學的終點要這樣的回到始點，只有一條路可走，即必須認爲人類一經認識了這個絕對觀念，歷史就完了，並須宣佈黑格爾哲學已經達到這個認識了。但是這是說把黑格爾體系的一切獨斷內容都宣佈爲絕對眞理，而與他的打破一切獨斷論的辯證方法相矛盾的了。這表示他的哲學的革命方面窒息在日益增加的保守方面的重壓之下。這不僅在哲學認識領域內是如此，就是對於歷史實踐也是如此。人類既以黑格爾爲代表已經認識了絕對觀念，那末在實踐領域內人類已經前進的更遠，以致把絕對觀念可以實現爲眞實了。就是說絕對觀念不應給同代的人們提出太廣大的政治要求。所以，我們從法制哲學末尾得知，絕對觀念將要

（註六）黑格爾的這個概念，含有神的概念。

實現爲只限於等級代表制的君主政體，即威廉三世所頑固主張且寬大地許給他的臣民的一種政體，換一句話說，將要實現爲有限、溫和、及間接的有產階級的統治，這種統治是頗適合於當時德國的小資產階級關係的。並且黑格爾在該書中用推論的方法證明貴族政治是有必要的。

總之，單是內部需要哲學體系這件事，便充分說明了爲什麽高度革命的思想方法反得出了極和平的政治結論。不過我們認爲，這一結論的特殊方式，乃是由於黑格爾是一個德國人，而且和與他同時的歌德一樣，他又是一個道貌昂然的庸人。黑格爾連歌德一樣在自己的領域以內，是一個眞正的奧林匹山上的柴烏斯（註七），然而不論黑格爾和歌德都沒有完全脫離德國庸夫匹婦的精神。

可是這些並沒有妨礙黑格爾哲學包括了比從前任何哲學體系更無比廣大的領域，而且沒有防礙它在這一領域內發展了迄今還令人驚異的豐富思想。精神現象學

（註七）奧林匹山，希臘神話謂爲諸神所居之處，柴烏斯即諸神中之一神。

（註八）（這也可以叫做精神胚胎學和精神化石學的比較學，個人意識在其各種階段上的發展，這些階段可視作人類意識在歷史上所經過的諸階段的縮影，邏輯，自然哲學，精神哲學，而精神哲學又分爲各個歷史的類別來研究，如歷史哲學，法制哲學，宗教哲學，哲學史，美學等等，——在所有這些各種不同的歷史領域內，黑格爾都力謀找出並指出通過牠們每個的發展線索。但因爲他不僅具有創造的天才，而且具有各方面的學識的原故，所以他的出現在各處都劃了一個時代。不用說，「哲學體系」的需要，有時迫使他不得不去援用強制的理論結構，對於這些理論結構，他的微小的敵人一直到現在還在悲慘地吵鬧着。不過這些結構僅作了他的工作框架，他所建築的大廈的木材。誰只要不在屋外繞圈子，能深入到大廈裏面去，那末他在那裏就可以發見無數的寶物，這些寶物到現在還保存着牠們的十足的價值。在一切哲學家，容易消滅的，正是哲學體系，因爲哲學體系是由人類精神的不可消滅的需要中克服一切矛盾的需要中發生的。假使一

（註八）爲黑格爾最初巨著之一的名稱。

切矛盾都永遠消除了，那末我們也許就可以達到所謂絕對眞理，那時全世界史也許就完了，但同時也許却是繼續了新的不可解决的矛盾，雖然它沒有什麽可幹了。要求哲學來解決一切矛盾，不啻說要求一個哲學家來幹那只有全體人類在其前進的發展中所能完成的事業，假使我們明白了這一點——這使我們要特別感謝黑格爾因爲有了他，我們才得以明白的——那舊時所謂的哲學就要到了末日了。於是我們只有丟掉「絕對眞理，」因爲「絕對眞理，」是每個人單獨用這種方法不能達到的；而去努力追求相對眞理，因爲相對眞理我們可藉用辯證思維循着實證科學和聯合它們結果的途徑來達到的。大體說來，哲學到了黑格爾可說是達到了終點，一方面因爲他的哲學體系乃是從前全部哲學發展的大成；別方面，因爲他本人雖是不自覺地但卻給我們一條路徑，可由這個體系迷堂進到眞實而積極的對世界的認識。

黑格爾哲學體系在哲學氣氛濃厚的德國的影響有多末巨大，這是不難明白的。這是一個盛大的凱旋進行，它繼續了十幾年，到黑格爾逝世還沒有停止。反之，在一八三〇到一八四〇年這一期間，「黑格爾主義」更其風行一時，甚至連他的敵人也都多少受了點感染；在這個時期，黑格爾的觀點，會自覺或不自覺地，很豐富地浸入於各種不同的科學，甚至充滿了通俗讀物和日報，這種通俗讀物和日報乃是中等的所謂「有敎養的人」的思想來源。不過這種各方面的勝利只是內鬨的序幕吧了。

總而言之，我們看到，黑格爾的學說，對於各種不同的黨派的實踐見解，留下了好多自由的地步。在當時的德國有實踐意義的，首先是這兩件東西，卽宗敎和政治。凡偏重黑格爾哲學體系的人，在這兩個兩領域當中的每一領域內，都容易傾向於保守。同樣，凡偏重辯證方法的人，在政治上或在宗敎上，也一定要屬於極端的反對派之列。黑格爾本人，雖然在他的著作中往往流露革命的憤火，但大體說來，他主要地也是傾向於保守方面。所以，他的體系，比他的方法，費去了更「苦重的思想工作。」不過到了三十年代末葉，他的學派的分裂却一天比一天明顯了。在反對正統的虔誠敎徒和封建反動者的鬥爭中，所謂青年黑格爾派——左翼（註九）——曾漸漸放棄了在哲學上對當前火急問題的輕視態度，——政府爲了這種輕視態度曾容忍他們的學說，甚至保護它。但到了一八四○年，正統敎徒的僞善和封建專制的反動，隨着威廉四世的登極，也達到了頂點，這時人們都迫得公開地站在某黨某派的方面了。鬥爭用的固然依舊還是哲學武器，但是已不是爲了抽象的哲學目的，而是要消滅傳統的宗敎和現存的國家了。假使在德國年報（註十）上，實踐的終極目的主要還帶着哲學面具的話，那末在一八四二年的萊茵日報上少年黑格爾派的說敎已正面是日益抬頭的急進資產階級的哲學了；他們還所以攜帶哲學面具者只是爲了遮掩檢查機關的耳目而已。

不過政治在當時是頂棘手的一個領域，所以主要的鬥爭是在反對宗敎。原來那個

（註九）與堅持保守觀點，維持專制政體，貴族特權地位及支配宗敎（抗議派正統敎）的右翼黑格爾派相反，青年或左翼黑格爾派，以布魯諾·巴威爾（Bruno Bower）爲首，那時力謀從黑格爾哲學中作出無神論的和革命的結論。

（註十）德國年報是個雜誌，爲左翼黑格爾派所辦，於一八三八——一八四三年出版。

時候，尤其從一八四〇年起，反對宗教的鬥爭間接也就是政治的鬥爭。史特拉斯所著的耶蘇傳一書（一八三五年出版）曾給了頭一個刺激。後來巴威爾曾出來反對該書中所敍述的福音神話發生論，巴氏謂好多福音故事全是福音作者自己所杜撰的。史特拉斯與巴威爾的爭論，僞託爲「自我意識」與「實體」（註十一）間的哲學上的鬥爭。起初是關於福音所說的奇怪故事如何發生的問題——卽它們是在敎會團體內部由不自覺的神話的創作而發生的呢？還是福音著者杜撰的呢？後來則擴展成爲別個問題，卽全世

（註十一）史特拉斯在他的那部書中把耶穌描寫成一個傑出的歷史的大人物，並不像上帝，他認爲福音故事是基督敎團體內所形成的神話；因之，史特拉斯抱着這樣一種意見，以爲福音故事似乎是不自覺地發生的。巴威爾在批評史特拉斯時，指責他沒有給意識予以應有的位置。據巴威爾的意見，福音神話「在其形成的歷史過程中是經過人們的意識而來的，卽人們爲了某一宗敎的目的特意杜撰了這種神話。」（普列漢諾夫）曾使少年黑格爾大出鋒頭的「自我意識，」係反映着革命前德國傾向革命的資產階級知識份子的自我意識。

界史上的主要原動力是「實體」呢還是「自我意識？」最後，又出現了一個史蒂納，代無政府主義的預言者——巴庫寧抄襲了他的好多——他超越至尊的「自我意識，」而提出他的至尊的「唯一。」(註十二)

關於黑格爾學派解體過程的這一方面，恕不詳細考究了。最重要而值得注意的是：反對肯定宗敎的鬥爭的實踐要求曾使最堅決的少年黑格爾派當中好多走上了英法的唯物論。(註十三)但是這却使他們跟他們的學派體系發生了矛盾。原來唯物論者認爲眞實的只有自然界，而在黑格爾體系中自然界却是絕對觀念的「暴露，」好像是它的屈辱；不論如何，在這一體系中是以思維及其產物——觀念——爲根源，以自然界爲派

(註十二)按恩格斯的意思係指一八四五年所出版的麥克斯·斯蒂納(Max Stirner 卽卡斯巴·施米德的筆名)的唯一者及其財產一書，馬恩二氏對該書的批評詳見二氏的德國思想一稿。

(註十三)在十七世紀的英國和十八世紀的法國由於兩國資產階級生產方法的發展，自然科學和唯物論哲學也發展起來了（英國唯物論的代表者是培根，霍布斯，洛克等。）在法國十八世紀的唯

生，這派生物的存在只是由於觀念下降到這種地步的原故。少年黑格爾派便糾纏在這種矛盾中，永遠弄不出頭緒來。

這時費爾巴哈的基督教的本質一書出版了。該書一下子解決了這種矛盾，而重新無條件地宣佈了唯物論的勝利。自然界是不依賴任何哲學而存在着。自然界是一種基礎，上面生長了我們人衆，自然界的產物本身。除了自然界和人以外，就沒有什麽東西可言了，由我們的宗教幻想所造成的最高存在物，那只是我們自身本質的幻想的反映吧了。於是伏魔取掉了：「體系」被毀壞，丟在拉圾堆裏了，矛盾僅由於它只存在於幻想中這種情形的發見而解決了。誰未曾經過這部書的解放影響，那誰就不能對它有正確的觀念。在這本書出版以後，我們都與高彩烈，馬上就都作了費爾巴哈的信徒。馬克思曾經

物論哲學家（如狄德羅，赫爾威茨，戈爾巴哈等他們都是革命的資產階級的代表者）利用英國革命的教訓，「對習慣和思想中的農奴制度」作過無情的鬥爭，在哲學上他們都是英國唯物論的學生和繼續者。

怎樣熱烈地來歡迎這新的見解，這新的見解對他的影響有多末大——雖然他有許多不同意的批評——可在神聖家族（註十四）一書中看出來。

甚至費爾巴哈這部書的錯誤，在那時也加强了它的影響。美麗的文句——甚至有的地方是舖張過甚的——使它得到了廣大的讀者，不論如何，在抽象而晦澁的黑格爾主義以後，該書可說使人的耳目爲之一新。關於愛的神化，也是如此。這種愛的神化，尚可原

（註十四）這是馬恩二氏合著的一部書，原名：神聖家族或批評的批評之批評反對巴威爾及其同伴。伊理奇關於這部書說道：「神聖家族乃是巴威爾輩及其信徒的滑稽綽號，這些先生們說教似地說批評高出於任何眞實以上，高出於黨派和政治以上，否認任何實踐的活動，僅「批判」地玄想周圍世界及其中所發生的事件，巴威爾先生很傲慢地指責無產階級，說無產階級是非批評的羣衆。出而堅決地反對這種糊說八道的和有害的傾向的是馬克思和恩格斯二氏，以眞正的人類的人格——支配階級和國家所蹂躪的工人——的名義，主張不要玄想，而要爭取更好的社會制度。自然，他倆看到無產階級是一種能夠進行這種鬥爭而且同這一鬥爭有利害關係的力量。」—

諒；正如對「純粹思維」（這種「純粹思維」已經成了完全不堪容忍的東西了）的至尊無上的反動，雖然它並未得到承認。但是不要忘記，所謂「眞正的社會主義」正是抓着了費爾巴哈的這兩個弱點而發展起來的，這「眞正的社會主義」連傳染病一樣，自一八四四年起普及於德國的「教育」界，並以美麗的空談來代替了科學研究，放棄了用經濟上革新生產的方法來解放無產階級的事業，反而主張用愛的手段來解放人類，——總而言之，它沉溺在最肉麻的詞藻和迷惑的空談中了。這一傾向的典型的代表者就是加爾·格倫先生(註十五)

還有一點，我們也不要忘記，就是黑格爾學派雖然已經解體了，可是批評界還沒有推翻黑格爾的哲學。史特拉斯和巴威爾二人，各拿取了黑格爾哲學的一面，作爲辯論的武器，反對別一方面。費爾巴哈則打破黑格爾體系，乾脆地把它丟掉了。但是宣佈某一哲學是錯誤的，並不是說已經推翻了它。像黑格爾哲學這樣偉大的作品，單用輕視的手段，

(註十五)關於德國「眞正」的社會主義的批述，詳見××黨宣言。

是不能夠排除的。黑格爾哲學對國民的精神發展曾有着這樣巨大的影響。它應當在它的原有意義上加以「奧伏赫變」(註十六)，就是說用批評方法毀滅它的形態，而保存它所獲得的內容。以後我們便可看到，這一任務是怎樣完成的。

但是那時一八四八年的革命，也丟棄了一切哲學，正如費爾巴哈丟掉了他的黑格爾一樣。因此之故，費爾巴哈本人也退到背後去了。

二　唯心論與唯物論

一切哲學，尤其近代哲學的最重大的根本問題，便是思維與實在的關係問題。在遠古的時候，人們還不懂得自己身體的構造，不會解釋睡夢，(註一)因此就有了一種觀念，以為他們的思維與感覺並不是他們肉體的活動，而是一種獨特的靈魂的活動，這靈魂

(註十六)「奧伏赫變」係德語 Aufheben 的譯音，即某一概念一面在消除一面又在保存之意。中文有人意譯為「揚棄」。

居留在人的肉體以內，在人死後就離開肉體了。自那個時候起，人們就想到了這種靈魂與外界的關係問題。要是靈魂在死時與肉體分離而仍繼續活着，那末便沒有絲毫的理由去想它的單獨死亡了。於是發生了靈魂不死的觀念，這在當時的發展階段上，並不是一種安慰，而只是一種宿命，完全不可抵抗的必然，例如在希臘人，甚至往往認為是一種重大的不幸。人格不死的討厭觀念，大體說來，並不是產生自宗教安慰的要求；而是由於人們承認靈魂的存在以後，因一般知識有限，不能弄明白靈魂在死後歸附何處去了，遂產生了這個觀念。同樣，由於自然力的人格化，遂出現了最初的諸神，這些神因後來宗教的造成，就漸漸成了超現世界的形態，一直到最後由於智力發展行程中人們頭腦中自然而然的抽象化過程——差不多可以說是蒸溜的過程——的原故，才從許多多少被

(註一)現在昧矇人和低級野蠻人到處還流行着一種觀念，以為他們所夢見的人，乃是暫時離開肉體的靈魂；而且認為在夢中所看見的人，對於他使見者作夢的行為要負責的，比如伊姆杜倫於一八八四年在奎雅拉的印第安人中就發現了這種情形（恩格斯原注。）

限制的以及彼此相互限制的神中發生了唯一而獨特的一神教的神。（註二）

由此可知，一切哲學的重大問題，卽思想對實在，精神對自然界的關係問題，與一切宗教一樣，實在是植源於矇昧時代的偏狹而愚頑的觀念。不過僅到歐洲人類從中世紀基督教的長期睡眠中醒覺以後，這個問題才很顯明地提了出來，才獲得了它的意義。在中世紀的煩瑣哲學中，思想與實在的關係問題，卽精神與自然界誰爲根源的問題，就起了很大的作用，這個問題當時曾使教會困惑，而採取了更辛辣的形式：倒底是上帝創造了世界呢，還是世界永久存在着？

由於對這個問題的答案的不同，哲學家遂分成了兩大陣營。凡主張精神比自然界先有，因而歸根結蒂承認某種創世主的人們，（這種哲學家比如黑格爾，所說的創世主，比正統基督教徒所說的，還要淆亂而荒唐）構成唯心論陣營。凡承認自然界本來存在的，則屬於各種不同的唯物論學派。

（註二）一神教卽只承認有一神之宗教，如佛教，回教，基督教都是。

唯心論與唯物論二詞，就其原來的意義說，並無別的意思，在這兒它們也是在這個意義上來使用的。以後我們看到，如果給它們加上別的意義，那是怎樣的淆亂黑白啊。

不過思維與實在的關係問題，還有別的一面：我們關於包圍我們的世界的思想，跟這個世界本身究竟是什末關係呢？我們的思維能否認識眞實的世界呢？我們在自己關於眞實世界的觀念和概念中能否正確的反映出眞實性呢？用哲學的用語來說，這個問題叫做思維與實在同一的問題。絕大多數的哲學家對這個問題的答案是很肯定的。比如黑格爾對這個問題的肯定答案是一目了然的：在眞實的世界中，我們所認識的只是它的合理的內容，也就是那世界由於它而成了絕對觀念的逐步實現，這絕對觀念是離開世界且先於它而永久存在在某處。很明白的，思維能夠認識那早先就是思想內容的內容。同樣很明顯的，我們這樣推論時，所證明的只是那在我們引證中已默認無疑的論題。但是這沒有防礙黑格爾從他的思維與實在同一論證中作出了進一步的結論：他的思維既承認他的哲學是正確的，那末這是說這個哲學就是唯一正確的哲學；同時，由於思維與實在的同一，人類應當馬上把這一哲學從理論轉移到實踐上去，並照黑格爾的原理來改造世界。這差不多是他跟其他一切哲學家所共有的一種幻想。

除此以外，還有一些哲學家，他們懷疑世界有認識的可能性，或者至少懷疑世界有完全無遺的認識的可能性。在新時代的哲學家當中，在哲學的發展上曾起了很大作用的休謨和康德就是屬於這些哲學家以內的。在駁斥這一觀點上，最主要的已由黑格爾說過了，凡在唯心論（註三）觀點範圍以內能作的他都作了。費爾巴哈所附加的唯物論

（註三）恩格斯把休謨和康德的哲學叫做不可知論。不可知論者說有沒有我們的感覺所反映的客觀現實，我是不知道的。他們說：「有可能我們可以正確地感受事物的性質，但是事物的本身，不論用感覺的過程或用思想的過程都不能知道。」恩格斯關於這一點說道：「對這個問題，黑格爾早已作了答案了：要是你知道了事物的一切性質，那你也就理解事物本身了；這時僅留下了一個赤裸裸的事實，就是該事物是在我們以外存在着；當你的感官證明了這件事實，那你就完完全全地理解了這件事物，理解了有名的康德所說的自在之物了。」（見恩格斯英文本由空想的到科學的社會主義序言）

意見，與其說是深奧、不如說是敏銳對於這種以及其他哲學上的謬說的有力反駁，乃是在實踐中，即在實驗與工業中。如果我們能夠證明我們對某一自然現象的理解的正確，自己來製造它，從它的條件中引起它，使它用於我們的目的，那末康德所說的不可捉摸的「自在之物」便沒有存在的餘地了。動植物身體所構成的化學物，在有機化學沒有一個一個製造它們以前，便是這種「自在之物」；但是在能夠製造之後，「自在之物」却變成「我們可用之物」了，比如茜草色素「阿里查林」我們現在已不用田野生長的茜草根，而是用石炭的油質來製造，又便宜又簡單。哥白尼（註四）的太陽系在三百年間，是一種假設，雖然這一假設是高度的可信，然而究竟是一種假設。直到列維里葉（註五）根據這個太陽系的材料，不僅證明了還有一個當時尚未發現的行星存在，而且用計算的方法，決定了這個行星在天空的位置，並且到加勒眞正發現這個行星（註六）以後，哥

（註四）哥白尼（Copernicus,1473—1543），於一五四三年首提出行星旋繞太陽的科學假設。

（註五）列維里葉（J.J.Leveuier）法國天文學家，死於一八七七年。

白尼的太陽系才算證實了。不過要是德國的新德康主義者要想復活康德的觀點，而英國的不可知論者要想復活休謨的觀點（在那裏休謨的觀點從沒有消滅過，）雖然理論與實踐早已推翻了這兩個觀點，那末在科學的意義上這是一個開倒車的運動，而在實踐上則給了這種無恥的人們以機會好從後門偷偷運入那在民衆面前却加以排斥的唯物論。（註七）

然而從狄卡爾到黑格爾和由霍布斯到費爾巴哈這一長時期，把哲學家推動前進的，並不單單是純粹思維的力量，如像他們所想像者。恰爲相反，在事實上，推動他們前進

（註六）係指加勒（Galle）於一八四六年所發現的海王星而言。

（註七）伊理奇在唯物論與經驗批判論一著中說：「康德哲學的基本特色，便是對唯物論與唯心論的調和，對兩者的協調，在一個體系內湊合了各種各樣的對立的哲學傾向。當康德說我們以外的某物，某種自在之物是與我們的觀念相適應時，他是個唯物論者。當他宣佈這個自在之物是不可知的，是先驗的，是彼岸的時候，他却成了唯心論者。康德在承認經驗、感覺是我們知識的唯一來源時，他

的，乃是自然科學和工業的偉大而一日千里的蓬勃發展。這對於唯物論者，是一目了然的。就是唯心論者的體系也漸漸塡滿了唯物論的內容，力謀泛神論地來調和精神與物質的對立。而黑格爾的體系，竟達到這種地步，就是不論就方法或就內容說，它都不過是唯心地用頭站着的唯物論吧了。

爲什末史達克在詳述費爾巴哈時，首先探討他對思想與實在的關係這個基本問題的立場，由此可想而知了。他在簡短的緒言中，用完全無任何必要的晦澀難解的哲學用語，闡述自康德起以前的哲學家的觀點，對於黑格爾，僅在形式上提及他的著作中的

使自己的哲學朝向着感覺主義方面，而經過感覺主義，在某種條件之下，且朝向於唯物論方面。在承認空間、時間及因果性等的先天性時，康德使他的哲學却傾向於唯心論方面。澈底的唯物論者和澈底的唯心論者（以及「純粹」的不可知論者，休謨主義者）都無情地爲了康德的這種模棱兩可主義而作鬥爭。」新康德主義者（柯根，納托普等）所救活的就是這種二重的哲學。新康德哲學，事實上乃是現代改良主義的哲學（如麥克司•亞德勒等。、

若干地方，並沒有詳加解釋。在這個短短的緒言以後，他在與此有關係的各著作中能駁倒費爾巴哈的範圍以內，詳述這位思想家的「形而上學」的發展行程。這個敍述是很勤勉而精密的。不過對他以及史達克全書有害的，並不是不可免的哲學表現的贅累。這個贅累是很不便當的，因爲作者並未遵守某一學派或費爾巴哈本人所用的表現法，而是把各種學派，尤其目前在哲學家名義下像傳染病一樣流行的各派所用的表現法混淆在一起了。

費爾巴哈的發展行程，乃是黑格爾派——雖然費氏本人從不是正統的黑格爾主義者——走向唯物論的發展行程。發展到一定階段上，他遂跟他的前驅的唯心論體系完全分裂了。最後，費爾巴哈堅定不移地意識到，黑格爾所謂的永世存在：「絕對觀念」和「邏輯範疇」（註八）——據黑格爾的意見，「絕對觀念」和「邏輯範疇」的存在

（註八）黑格爾在其邏輯一著中曾分析各種基本概念，如實在，轉化，質量，數量，本質，現象，可能性，偶然，必然，眞實等等。他把這些抽象的基本概念叫做「邏輯範疇」。據黑格爾的意見，這些範疇都有獨立的

是先於世界的存在——無非是對超世界的造物主的信仰的幻想殘餘而已；他並且確信，物質的、在感官上可感觸的世界——我們本身也屬於這個世界——乃是唯一的眞實世界，我們的意識和思維，不論它是如何超感覺的東西，乃是由物質的肉體器官——頭腦所產生的。並不是精神產生了物質，精神本身則是物質的最高產物。自然這是最純粹的唯物論。不過費爾巴哈達到這地步後，便停止住了。他不能克服普通的哲學家的偏見——不是反對本體本身，而是反對「唯物論」這個字的偏見。他說：「在我看來，唯物

「永世」的生命而與人無關係（這是客觀的唯心論。）在事實上，概念和推理只是物質世界所發生的過程在人的頭腦中的反映。伊理奇說道：「人認識（——「觀念」）自然的諸要素，這便是邏輯的範疇。」「人的實踐，億兆次的重演，而由邏輯的圖式鞏固在人的意識中。這些圖式，正由於（且只是）這種億兆次的重演而有著牢固的偏見定理式的性質。」（列寧文集第九卷二三〇和二六七兩）「邏輯範疇，」這正是馬克思在資本論第一卷第二版序言中所說的理想東西：「理想東西者無非是移植在人的頭腦內而加以革新的物質東西。」

論乃是人類本質和知識的建築物的基礎；不過唯物論的對於我，跟對於物理學家，對於狹窄的自然科學家如莫列紹特者不同，按照他們的觀點和專門知識，唯物論不能不成爲建築物自身，但在我看來則非是。向後退一步，我是完全同唯物論者一致的；但向前進一步，我卻跟他們不一致了。」

唯物論是以對物質和精神關係的一定理解爲基礎的一般宇宙觀，這兒費爾巴哈把唯物論跟這一宇宙觀在一定的歷史階段上即十八世紀所表現的特殊方式，混爲一談了。不僅此也，他給一般唯物論還添加了一種庸俗的形式，正如現在醫師和自然科學家頭腦中所理解、以及布赫納(Buchner)，福格特(Vogt)及莫列紹特(Moleschott)在五十年代所宣傳的十八世紀的唯物論一樣。不過唯物論與唯心論一樣，曾經經過了好多發展階段。只要自然科學中有一個新的劃時代的偉大發明出現，唯物論便採取一個新的形態。自從用唯物論觀點考察歷史以來，歷史也開闢了一條新的發展路徑。

上世紀（十八世紀）的唯物論，主要是機械的，因爲那時的所有自然科學中，達到某種完備地步的僅有機械學，卽硬體（地球和天體）機械學，簡言之，卽重力機械學。化學僅有着幼稚的形式，還拘守着燃素說。生物學尙在襁褓中；動植物的有機體，僅加以粗淺的研究，而用純粹機械的原因來解釋。在十八世紀的唯物論者看來，人是一架機器，正如動物的在狄卡兒的眼中一樣。這專用機械學的尺度去量化學和有機性的過程——在這些過程中機械學的規律雖繼續在起着作用，但在其他最高的規律面前卻退居次要地位了——遂造成了古典的法蘭西唯物論第一個特殊的在當時不可避免的偏狹性。

法蘭西唯物論的第二個特殊的偏狹性，就在於它不能把世界當作過程去理解，如像一個在不斷發展中的物質一樣。這是跟當時的自然科學狀態以及與它相聯繫的形而上學的、卽反辯證法的哲學思維方法相適應的。自然界是處在永久的運動中；當時也知道這一點。不過根據當時的觀念，這種運動的旋轉正好像永久繞圈子一樣，因而始終只是在同一個地方上：它總是造成同一而一成不變的結果。這種觀念在當時是不可避免的。康德的太陽系發生說，當時剛才出現，人們僅把它視作奇談而已。地質發展史，即地質學，當時還完全沒有人知道。認爲現今的生物是由簡而繁的長期發展而來的見解，當時還不能夠有科學的基礎。因之，對於自然界缺乏歷史的觀點，那是必然而不可免的。我們卻不能拿這個缺點去責備十八世紀的哲學家，因爲這個缺點甚至連黑格爾也都是免不了的。在黑格爾，自然界不過是觀念的「暴露」，不能在時間上有所發展，它只能在空間上展開它的多樣性，因之，它永久重演着同一的過程，同時並列地提出了它所包含的一切發展階段。正當地質學，胚胎學，動植物生理學，以及有機化學業已十分發達的時候，正當基於這些新科學而到處又發生了天才的預見——後來的進化論的先驅（例如哥德和拉馬克）的時候，黑格爾則拿這種在空間上而非在時間——這是一切發展的基本條件——上的荒謬的發展，加於自然界。不過這是他的體系使然的，因而爲了體系的原故，他連方法也不得不放棄了。

在歷史方面，也缺乏歷史的觀察事物的觀點。這裏反對中世紀的殘餘的鬥爭，遮蔽了眼界。人們把中世紀僅視做歷史行程中因千年來的一般野蠻狀態而使然的中斷。沒有人對於中世紀幾百年間所作的偉大進步，如歐洲文化領域的擴大，因相互鄰居密切而有生氣的大民族的形成，以及十四和十五世紀的巨大的技術進步，曾加以注意。因此之故，要正確的理解偉大的歷史聯繫，成爲不可能了；於是歷史至多不過是給哲學家做了蒐集例證和例子的彙集吧了。

一八五〇——一八六〇年間，在德國販賣低廉唯物論的人們，並沒有越出他們的導師的範圍。自然科學的一切新勝利，僅供他們作了反對宇宙創造主存在的新證據。甚至他們也沒有想到把理論應作進一步的發揮。那時唯心論的睿智已經精疲力盡，而且又遭受了一八四八年革命的致命打擊，但唯心論仍獲得滿意，而唯物論在當時則更降低了。費爾巴哈不肯替這種唯物論無辜受過，那是很對的。但是他沒有權把販子們的理論跟一般的唯物論混爲一談。

這是指下述兩種情形而言。第一，在費爾巴哈生時，自然科學還處在强烈醱酵的過程中，僅在最近五十年，才獲得了相對的和相當明晰的成功。當時曾經蒐集了無數新的科學證據，但是僅到最近才使這一堆混亂的發現，建立了聯繫，整理出來了一個頭緒。是的，費爾巴哈在世時，就看見過三大發現：細胞的發現，能力變化說，及達爾文的進化論。但是這位隱居窮鄉僻壤的哲學家怎樣能趕上科學的潮流，去正確的估量那些自然科學家本人也一半尚在爭論一半不會利用的發現呢！這兒唯一可非難的，是可憐的德國秩序：由於這個秩序，當時哲學講座，全被好事穿鑿的折衷派所佔據，而高出於他們以上的費爾巴哈反像農人一樣，蟄居在孤寂的鄉間了。因之，現在有了可能的而且拼棄了法國唯物論單調性的最新的歷史的自然觀點，費爾巴哈雖未做到，但是這不是他的罪過。

第二，費爾巴哈說：唯有自然科學的唯物論「才構成人類知識建築物的基礎，並非建築物本身，」這是很對的。包圍我們的，不僅是自然界一個，還有人類社會，人類社會連自然界一樣，也有它的發展史和它的科學。所以，把關於社會的科學，即所謂歷史科學和哲學科學的總和，跟唯物論的基礎調和起來，並把它加以改造使跟這種基礎相適應，那是很重要的任務。不過費爾巴哈是不能完成這個任務的。在這一關係上，不管「基礎」如何，他還沒有解脫舊唯心論的枷鎖，就是他本人也承認的，他說：「退後一步，我是跟唯物論者完全一致的；向前進一步，我便跟他們不能在一起了。」不過正是在這裏正是在社會領域以內，費爾巴哈本人則沒有「前進」一步，超過他在一八四〇年或一八四四年的觀點，這主要的仍舊是由於他的隱居生活的原故，因此之故（就他的嗜好講他比任何哲學家都愛社會交際，）他不能在與自己同樣的人們的友好或敵視接觸中，而不得不在完全離羣索居的生活中創造他的思想。在這一領域內，費爾巴哈還是怎樣的一個唯心論者，下邊我們還要詳細說到的。

我們還應該指出的，就是史達克認爲是費爾巴哈唯心論的地方，並不是眞正的所在。他說：「費爾巴哈是個唯心論者；他相信人類的進步運動。」「基礎仍舊是唯心論。唯實論，僅在我們追蹤自己的愛好時，防備錯誤吧了。難道慈悲，愛情，以及對於眞理和正義的熱忱，不是理想的力量嗎？」

第一，這裏叫做唯心論的，無非是追求理想目的的志向而已。不過理想的目的僅對康德的唯心論和他的「無上命令」（註九）有若干關係。但是康德所以把他的哲學叫做「先驗的唯心論，」並不是因爲他的哲學所講的是關於道德的理想。這所以如此者，完全是由於別的原因，這原因史達克自然是不知道的。人們以爲對道德理想，即社會理想的信仰，彷彿就是哲學唯心論的本質，這種偏見是在哲學以外發生的，是在德國庸夫愚婦中所發生的，此種庸夫愚婦從席勒的詩中拾取了他們所需要的幾句關於哲學的句子。黑格爾曾比任何人都更辛辣地批評過康德的那無力（所以說無力者因爲它要求不可能的東西，因而永遠不能達到任何的眞實）的「無上命令。」他比任何人都更

（註九）「無上命令，」係康德哲學給道德法則所起的名稱。據康氏說，我們頭上的星辰和我們內部的道德法則這兩個東西，對他有極大的印象。據康德的意見，這一法則萬世如斯，一成不變，並支配着人們的行爲。事實上，康德的實踐哲學只是資產階級道德的抽象的思想上的表現罷了，並且它反映出了德國資產階級的衰弱和未成熟。

惡毒地譏笑過席勒所培植的庸夫愚婦的愛想不能實現的理想（可看現象學）的嗜好。但是黑格爾卻是一個集大成的唯心論者呵！

第二，凡喚醒人的，都是經過人的頭腦的，這是不可避免的。就是人吃飯飲水，也是受了反映在頭腦中的飢渴感覺的影響而使然的。停止飲食，則是因爲頭腦中有了壓飽的感覺。外界對於人的影響，表現在人的頭惱中，在其中反映出來，而成爲感覺、思想、嗜好、意志，總之一句話，成爲「理想的志向，」而在這一方式中則是「理想的力量。」要是某人因有「理想的志向」而服從「理想力」的影響，而成爲一個唯心論者，那末無論那一個人，甚至不大正常發展的人，都是天生的唯心論者了，但是令人不解的就是世上爲什末還有唯物論者呢？

第三，認爲人類——至少在現時——整個兒說來是向前進展的信心，跟唯心論與唯物論的對立絕對沒有絲毫關係。法國唯物論者差不多都幻想地抱着這種信心——不下於自然論者福爾泰和盧梭——而且往往爲了這信心要作極大的個人的犧牲。要是有一個人把他的一生獻於「眞理和正義」（就這二字的好義說）那就非狄德羅莫屬了。當史達克宣佈這一切都是唯心論的時候，他只是證明「唯物論」這個名詞兒以及唯心論和唯物論兩個趨向的對立，對於他都喪失了任何的意義。

史達克——雖然也許是不自覺的——對俗人的反對「唯物論」這個名稱的偏見，卽俗人受多年卑劣的神甫宣傳的影響而植下根基的偏見作了不可饒恕的讓步。俗人所謂唯物論，係指饕餮、酗酒、縱慾、愛財、貪婪、謀利、投機、一句話，卽他們本人祕密所幹的那一切齷齪非惡而言。他們認爲，唯心論係表示慈善、仁愛及一般「良好世界」的信仰，——這個「良好世界，」他們只是在別人面前說着好聽，但是他們本人却是從來不相信的，僅在他們醉後頭痛或破產的當兒，換一句話說，僅在他們因「唯物」過度而感受不快的時候，他們才想到這個「良好世界。」俗人的座右銘：「什末是人，一半野獸，一半天使罷了。」

史達克竭力替費爾巴哈辯護，反對現在德國自稱爲敎授的大學講師們的攻擊和說教。對於德國古典哲學的墮落後裔感興趣的人們，這自然是很重要的；對於史達克本人這也可以成爲必要的。不過我們再不搔擾讀者了。

三 費爾巴哈的唯心論及道德論

當我們一研究到費爾巴哈的論理學和宗教哲學，則他的眞正的唯心論便顯露出來了。費爾巴哈並不想要廢除宗敎；他希望把宗敎加以改進。哲學本身應由宗敎所吞下。「人類各時期彼此不同之點，僅在於宗敎上的變遷而已。某一歷史運動，僅在它佔有人的心以後，才會變成强有力的運動。人心並不是宗敎的形式，所以不能說宗敎也須在人心中；人心乃是宗敎的本質。」（據史達克所引）據費爾巴哈的意見，宗敎乃是基於感官的人與人間的心的關係，這一關係直到現在以前曾竭力想着在現實的幻想反映中找到它的眞正的內容——利用這種人類性質的幻想反映，一個神或數個神——現在則直接而正面的在「我」和「你」間的愛中找到了。歸根結蒂，照費爾巴哈的意見，性愛雖不是他的新宗教的最高信仰方式，但是最高信仰的方式之一。

人與人間、尤其是兩性間以感官爲基礎的關係，自有人類以來就是有的。至於性愛，它在最近八百年間，竟獲得了這樣一種意義，取得了這樣一種地位，就是它變成了一個軸，所有詩歌都以它爲中心了。現有的肯定宗教，僅以尊崇國家的管理性愛，即婚姻立法爲能事。即使這種宗教消滅了，則愛情與友誼的實踐上也不會發生絲毫的變化。法國於一七九三至一七九九年一期間，基督教在事實上已經消滅到這個地步了，後來拿破崙想要恢復基督教，終因困難和反抗而未成功。(註一)然而在這一期間，並沒有人感覺到想拿某種東西如費爾巴哈的新宗教之類去代替代。

這兒，費爾巴哈的唯心論就在於他不能把性愛、友誼、憐憫、無私以及基於相互愛好的一切人與人的關係，除掉它們與某一特殊宗教體系（據他的意見這一體系是屬於

(註一)在法國大革命期間，雅柯賓派的國民大會把天主教堂毀滅，後來拿破崙則力謀恢復。一八〇一年七月十五日拿氏曾與教皇訂立協定，恩氏在這裏即係指此事而言。

過去的）的聯繫外，看做它們原來所有的方式。他說，這些關係，僅在用「宗教」一名詞來神聖化時，才可獲得完全的意義。在他看來，最重要的，並不是在於已經有了這種純粹人類的關係，而是在於人們把它們看做一種新的眞正的宗教。他認為這些關係蓋上宗教的印章時，才是完滿的。他認爲名詞「宗教」(Religion) 是由動詞 (Religa e) 一字來的，原來表示聯繫一詞。所以，凡兩個人的任何相互聯繫，就是宗教。此種語原學上的奸計，乃是唯心論哲學的最後一訣。他加於這個字的意義，並不是它由實際應用的歷史發展所得來的，而是由於語原學的系統上所應有的。爲了使舊唯心論的習慣上所貴重的「宗教」一詞不要消滅，他把性愛和性的關係抬高至宗教的高貴地位。比如巴黎路易·布朗（註二）派的改良主義者，於四十年代就是這樣說的，他們以爲沒有宗教的人是一種怪物；他們並且告訴我們：「無神論這就是你們的宗教。」(Done, l'atheisme e'est votre religion!) 費爾巴哈在根據事實上是唯物的自然觀力謀建立眞正的宗教時，與

（註二）社會民主黨的稱呼，××黨宣言第五章曾提及過，恩氏對此派的批評，詳見該書的該處註解。

那認爲近代化學即是眞正煉金術的人同出一轍。要是無神的宗教是有可能的，那末沒有「哲人之石」的煉金術也是有可能的。不過事實上，煉金術跟宗教的聯繫是很密切的。「哲人之石」具有好多類似神的性質，紀元一——二世紀希臘埃及的煉金術士，對於基督教的形成上曾有很大的影響，柏特洛（註三）和柯普（註四）二氏所引的材料，就是明證。

費爾巴哈謂「人類各時期彼此不同之點，僅在於宗教上的變遷，」那是錯誤的。僅在講到迄今現有的全世界的三大宗教——佛教、基督教及回教的地方，才可說偉大的歷史轉變曾伴着宗教上的變遷。舊的原始部落的和民族的宗教，本來就沒有宣傳的性質，一到該部落或該民族的獨立遭遇摧殘，便失掉任何抵抗力了。這在日耳曼人，更加明顯，他們僅與衰落的羅馬全世界帝國及其全世界的基督教（當時基督教爲羅馬剛所

（註三）柏特洛（Bethelot, 1827—1907）法國的化學家。

（註四）柯普（Hermann Kopp, 1817—1882）著有化學史一書。

採用，且與它的經濟、政治、精神狀態相適應）一接觸，他們的宗教便消滅了。只有對於這些多少用人工製造的世界宗教，尤其對於基督教和回教，才可說一般的歷史運動帶着宗教的色彩。不過甚至皈依基督教的民族，其實際上有一般意義的革命，僅在資產階級爭取解放的第一個階段上，即從八世紀起到十七世紀止，才帶了這一色彩。這一色彩，既不能用人心的性質，也不能用人的宗教要求去說明，如費爾巴哈所想者；而只有拿從前中世紀的歷史來加以解釋，在中世紀數百年間，僅有一個思想形態：宗教與神學而已。不過到了十八世紀，資產階級已經很强盛，他們有了與他們的階級觀點相適應的思想形態，他們完成了他們的偉大而完善的革命——法國大革命，當時他們憑藉的只是法律和政治的觀念，並在宗教阻止着他們的道路時，他們才想到了宗教。他們的頭惱中並沒有想到應當用一種新的宗教來替代舊的宗教。大家都知道，羅伯斯庇爾在這兒是遭受了怎樣的失敗！（註五）

我們現在不得不生活在裏面的社會，是基於各階級的對立和階級的統治，在這種社會裏面，對人的關係上要有純粹人類感情的可能性，本來就已經很可憐了；我們沒有絲毫的理由，去把這種情感變成宗教，使那種可能性更加可憐。同樣可以說，現在流行的歷史學，已使我們——尤其在德國——對於偉大的歷史上階級搏鬥的理解，大加模糊，我們沒有必要，去把這一鬥爭史降爲教會史的附屬品，使這一理解更成爲不可能。由此可知，現在我們距費爾巴哈已有多末遠了。現在甚至他的著作中那講新的戀愛宗教的「精彩」地方，都很難讀了。

費爾巴哈所根本研究的，只是一個宗教：基督教，這個以一神論爲基礎的西方全世界宗教。他證明基督教的上帝，不過是反映在幻想中的人的肖像吧了。不過這個上帝又是長期的抽象化過程的產物，好多古時部落和民族的上帝集中化的精華。因此，這個上帝爲其反映物的人本身並不是一個眞正的人，同樣也是好多好多眞正的人衆的精華；

（註五）羅伯斯庇爾（Robespiere, 1758—1794），法國大革命時的革命領袖，他曾想確立一種最高實體——理智宗教，但結果完全失敗，按恩氏之意，卽指此而言。

這是個抽象人，卽仍舊是個思想的型像。費爾巴哈在書中每頁都再三說起可感覺的，具體的現實世界，但是他一越出兩性關係的範圍，涉到其他人與人間的關係，也就變成極抽象的了。

在一切人與人的關係中，他僅看到了一面：道德。這裏跟黑格爾一比較，費爾巴哈的貧弱，又令人很吃驚。黑格爾的倫理學或關於道德的學說，只是法制哲學，包括：（一）抽象的法制；（二）道德；（三）倫理領域，凡家庭，公民社會及國家都屬於此項。形式雖是這末唯心的，但內容却是很現實的。這裏包括法制、經濟、及政治的全領域，而與道德並列。但費爾巴哈則恰爲相反。就形式講，他是現實的，——他以人爲出發點。但是關於包圍人的世界，他沒有一字說到過，因而，他所說的人，只是那宗敎中所說的抽象的人吧了。這個人不是女人生的，連泥的洋囡囡一樣，是由一神敎的上帝得出來的。所以，這個人不是生活在眞實的，歷史上發展着的，及歷史上特定的世界裏面。雖然，他跟別人也來往，但是這些人當中每個都是抽象的，正跟他一樣。在宗敎哲學上，我們還可以看到有男有女，但在論理學上，連這個男女區別也都消滅了。是的，費爾巴哈有時也有這樣的論題：「人們在皇宮中所想的，與在茅屋中所想的不同。」「要是你因飢餓和貧困而體內沒有食物的話，那末你的頭腦中，你的情感中，你的心中便沒有道德用的資料了。」「政治應成爲我們的宗敎」等等。可是他完全不會利用這些論題，這些論題只是他的紙上空談，甚至史達克也不得不承認，謂政治對於費爾巴哈是個不可達到的領域，「而關於社會的學說，社會學，對於他是個不可知之國。」

費爾巴哈研究善惡對立的地方，跟黑格爾比較，也是很平凡的。黑格爾說，「有些人覺得，他們說人性是善的，就以爲他們說出了非常偉大的意見；但是他們忘記人性是惡的一句話，其意思更要深刻了。」在黑格爾，惡是歷史過程動力所表現的方式。這有兩個意思：一方面是說，凡向前的每一新的進步，必然都是對於某一神聖事物的凌辱，反對垂死的但爲習慣所崇拜的舊制度的叛逆；別方面是說，自發生社會階級的對立以來，人們的醜惡慾：貪慾和統治狂便成了歷史發展的槓桿。封建制度和資產階級的歷史，就是一個十全的證據。但是費爾巴哈的頭腦中並未想到去考察道德上的惡的歷史作用。大體上說，歷史領域對他是不大便利不大適合的。甚至他的高論：「當人剛從自然界手中脫離的時候，人是自然界的產兒，並不是人。人，乃是人、文化、歷史的作品，」都是毫無果實的。

由此可知，費爾巴哈關於道德的論述，是非常的貧乏。求幸福的欲望，是人生而就有的，因之求幸福的欲望應是道德的基礎。不過求幸福的欲望，遭受了二重的修正：第一是我們行爲的自然結果方面的修正：酗醉之後，必定頭痛；放浪過度，必生疾病；第二是我們行爲的社會結果方面的修正：要是我們不尊重別人的求幸福的欲望，那末他們定要予以反抗，阻礙我們的求幸福的欲望。由此可得個結論說：要是希望要滿足我們自己的求幸福的欲望，那末我們就應當會正確地權衡我們行爲的結果，此外並應尊重他人的求幸福的欲望。對於自己合理的自我限制和對人以愛——永是愛情——這便是費爾巴哈道德的基本原則，其餘一切都是從這個原則中得出的。不論費爾巴哈的巧妙議論或史達克對他的極端稱讚，都不能遮掩這兩三條論題的貧乏和平庸。

人自己管自己，只有在極少的情形之下，才能滿足自己的幸福欲望，而且不一定對己對人都有益。人一定要有對外界的來往，一定要有滿足自己需要的手段：食物、異性、書籍、談話、辯論、治動、消費品與工作對象。按照費爾巴哈的道德論，不是事先假定每人都有這些手段和對象，便是這一切東西只是不可應用的良言美辭，因此，這對於喪失了上述種種手段的人，不值一文錢。費爾巴哈本人也說：「人們在皇宮中所想的，跟在茅屋中所想的不同。要是你因飢餓和貧困而體內沒有食物，那末你的頭腦中，你的情感中以及你的心中便沒有道德的資料了，」這就是明證。

至於各人對幸福的同等權利，也不是一樣嗎？費氏無條件地要求這一點，認為這在一切時代和在任何環境之下都是必然應有的。但是從什末時候起，這種權利才給人人承認呢？難道古代奴隸與其主人之間，或中世紀農奴與領主之間，可以說人人有幸福的同等權利嗎？被壓迫階級的求幸福的欲望，是不是無情地「在法律的基礎」上面作了統治階級的這種欲望的犧牲品呢？是的，然而這却是不道德的；現在權利平等給承認了。

在資產階級反對封建制度和發展資本主義生產的時候，他們迫不得已消滅了一切等級的卽人格上的特權，起初在私法方面，後來逐漸在公法方面實施人格的平等——自這時起，權利平等在口頭上是被承認的了。但是理想的權利對求幸福的欲望是極不夠的。這一欲望，只有用物質手段才能滿足，但在這一方面，資本主義生產却使絕對大多數平等的人僅有維持最低生活的必要手段。所以資本主義對於多數人同等幸福權利的尊重，並不比奴隸制度或農奴制度來得多。至於精神的幸福手段，教育手段，是不是比這好些呢？難道「在薩多瓦獲勝的學校教師」本人，不是一個神話上的人物嗎？（註六）

不僅此也。據費爾巴哈的道德論，可得個結論說，交易所就是高級道德的廟堂，只要

（註六）這是一句諺語，一八六六年波希米（Bohemia）薩多瓦（Sadowa）村距千尼格拉（Koni-ygrats）城不遠，普魯士軍隊與奧地利軍隊曾發生衝突，結果普人勝利。德國資產階級的史學家和政論家，遂認為這是更高的文化和教育的勝利。在薩瓦多村普魯士「學校教師」獲勝一語，卽由此而來。

是人們對理智投機的話。要是我的求幸福的欲望，把我引導到交易所裏去，並且要是我在那裏能夠正確地權衡我的行動的結果，因之這些行動永使我高興而不賠錢，換一句話說，要是我經常贏錢的話，那末費爾巴哈的命令就算執行了。請看吧，在這種情形之下，我並沒有防礙我的友人的求幸福的欲望，我的友人跟我一樣，可以隨意到交易所裏去。在跟我成立業務上的諒解時，他追求他的幸福的欲望，正如我追求我自己的幸福的欲望一樣。要是他賠了錢，那末這證明他的行動是不道德的，他把自己行動的結果估量得不正確。迫使他受了應得的懲罰以後，我像近代的拉達曼（註七）一樣，就心滿意足了。在交易所裏也是愛統治着，假如它不單是一句感情的用語：因為每人都可借別人來滿足自己的求幸福的欲望，這正是愛情所需要的，這正是愛實現的所在。因之要是我能很正確地預先知道自己經營的結果，換一句話說，要是我投機勝利，那末我就可以極嚴格的方法來執行費爾巴哈道德的一切要求，而且還要成為一個富翁了。換言之，不論費爾巴

（註七）據希臘神的話，拉達曼因為他做事公正，曾被法官罰入地獄。

哈的企圖和希望如何，他的道德說對於現代資本主義社會是很適合的。

可是愛呢！是的，在費爾巴哈看來，愛，不論何時何地總是一個魔術家，可以醫治實踐生活的一切困難。即在分成利益正相反的各個階級的社會裏也是一樣！所以，愛的革命性質的一切痕跡，都從費氏的哲學中消逝了，而剩下的只是一句老調子：你們彼此相愛吧，不分性別，不分地位相互擁抱吧，——這是人人溫雅的陶醉啊！

總之，費爾巴哈的道德說和前人的是一樣的。它可適用於一切時代，適用於一切民族，適於一切狀態；唯其如此，它在任何地方任何時代都是不適用的。在對現實世界的關係上，它連康德的「無上命令」一樣，也是無力的。事實上，每一階級，每種職業，都各有牠自存的道德，而且在沒有防害的時候，隨時都可以違反這道德的。至於那彷彿可以聯合一切的愛，則表現在戰爭、爭吵、詞訟、家庭糾紛、離婚、以及盡可能殘酷的人對人的削剝中。

然而費爾巴哈給予智力運動的有力推動，對於他却是毫無結果的，是什末原故呢？理由是很簡單的，費爾巴哈沒有找到從他所憎惡的抽象世界到活的眞實的世界去的道路。他竭力想抓緊自然界和人，但他把自然界和人都弄成了空洞的名詞。他不論關於眞實的自然界，或關於眞實的人，都不能道出什末肯定的東西。要從費爾巴哈的抽象的人轉向眞實的，活的人，須要從他們（人們）的歷史行動上去研究他們。但是費爾巴哈却不願如此的，因之他所不了解的一八四八年，對他是表示眞實世界的完全分離，是表示轉向到完全的隱居生活去。負這個責任的主要是德國的社會關係，由於這一關係，所以才使他的生活那樣悲慘困苦。

不過費爾巴哈未走的一步，還是應該走完的。應當放棄抽象的個人的偶像，這費爾巴哈新宗教的核心，而代以關於眞實人衆及他們歷史發展的科學。費爾巴哈觀點的這種進一步的發展，已超出了他的哲學的範圍，這一發展是由馬克思於一八四五年在他的神聖家族一書中開始的。

四 歷史唯物論

史特拉斯，巴威爾，史蒂納，費爾巴哈，就他們還沒有離開哲學的立場說，都是黑格爾哲學的後嗣。其中斯特拉斯在發表耶蘇傳和敎義論以後，即專攻林南式的哲學和敎會史的美文學。巴威爾僅在基督敎發生史方面有若干成就；史蒂納甚至在巴庫寧把他跟蒲魯東結合起來而給這個混合物起了個各字叫做「無政府主義」以後，都還是一個怪物；唯有費爾巴哈才是個傑出的哲學家。不過他認爲哲學是一種科學的科學，這種科學應超出於一切專門科學之上，應把牠們聯繫在一起；因之他認爲這種哲學是神聖不可侵犯的東西；他不但沒有越過這種哲學的境界，甚且號稱哲學家的他，停留在半路上，下半是個唯物論者，上半則是個唯心論者。他並沒有用批評的武器戰勝過黑格爾，而只是把他當作無用的東西，簡簡單單地丟掉了；同時，他本人除過誇大的愛情的宗敎和貧弱無力的道德論以外，再沒有別的什末積極的東西可與百科全書式的豐富的黑格爾體系相對抗了。

不過從黑格爾學派的解體中還產生了別一種傾向——唯一而眞正有結果的傾向。這一傾向主要的是跟馬克思的名字有關係的。（註一）

這兒跟黑格爾哲學的分離，也是由於回復到唯物論的觀點上去。這就是說，這一派

（註一）這兒順便再作一點個人的說明吧。近來常有人指出，謂我亦曾參加這一理論的造成。因此，我在這兒不得不說幾句話，把這個問題弄明白。我不能否認，我在跟馬克思四十年合作以前及在合作期間，對於這一理論的樹立，尤其研究上，曾獨立贊助過。不過基本的指導思想的最大部分，尤其在歷史和經濟學方面，都是屬於馬克思的；而在這些基本的指導思想的完備而辛辣的公式化上，馬克思的功勞更大。我所作的，除過兩三個專門的領域外，馬克思沒有我卽可很容易地完成。而馬克思所作的，我却不能作到。馬克思比我們一切都站的更高，看的更遠，觀察的更多更快。馬克思是個天才，我們至多是個能者。沒有馬克思，我們的理論，絕不是現在這個樣子。所以，這一理論冠以馬克思的名字，那是光明正大的。」（恩格斯原註）

的人們，決意要以毫無唯心論的成見的方式來理解眞實世界——自然界與歷史；他們決意毫不痛惜地要放棄一切唯心論的與事實不相適應的謬說，這些事應當在他們自身的聯繫上，而不應當在幻想的聯繫上去把握。唯物論原來就是這樣，再沒有別的意思。所不同的，只是在於這兒是頭一個很認眞地來研究唯物論宇宙觀，把它（宇宙觀）很澈底地貫澈——至少大體上——在一切知識的領域裏面吧了。

黑格爾並沒有被簡簡單單地丟棄不顧；反之，上邊所說的他的哲學的革命面，——辯證方法，會被採用，作爲出發點。不過這個方法，在黑格爾所說的形式上，是沒有用處的。在黑格爾看來，辯證法只是概念的自我發展。絕對觀念，不但是自古存在——不知道是在何處——着，而且是一切現存事物的眞正的賦與生氣的靈魂。絕對觀念，它經過自身所含並在邏輯論中所詳細研究的一切階段，而向自己發展；然後它「暴露自己」而轉變爲自然；在自然中它未認識自身而採取了天然必然的方式，執行新的發展，乃至最後在人上重新達到自我認識，而在歷史上，這個自我認識又在粗野的狀態中掙扎，直到絕對觀念在黑格爾的哲學中又完完全全地達到自身爲止。在自然中和在歷史上所顯露的辯證的發展，即那經過一切偏差經過一切短期退步而由低而高的進步運動的因果聯繫，在黑格爾看來，乃只是概念自我運動的縮影，——這概念是在某處永久運行着，不論如何，是跟任何能思想的人的頭腦完全無關的。這種意識形態上的歪曲是必須要剷除的。我們回復到唯物論的觀點以後，重新把人的概念看做眞實事物的印象，再不把眞實事物看做處在某種發展階段上的絕對概念的印象。這遂使辯證法成爲研究外界和人的思想中的一般運動法則的科學：這兩個系列的法則，在本質上是同一的，而在表現上却是各異的，因爲人的頭腦可以自覺地應用這些法則，而在自然中目前大部分還在人類歷史上，這些法則是不自覺地以外部必然的方式且在無數的表面的偶然中間來開闢自己的道路。所以，概念的辯證法本身只變成了外界辯證運動的自覺反映。同時，黑格爾的辯證法，則用脚站着了，因爲以前它是用頭站着的。値得注意的，就是這個多年以來成爲我們最良好的勞動工具和最銳利的武器的唯物辯證法，不但單是我們發見的；有

一個德國工人名叫狄茨根的，他與我們無關，甚至與黑格爾無關而獨立地也發見了它。(註二)

因此，黑格爾哲學的革命面，重新被人領受，同時並被解除了那黑格爾的唯心論的錯誤，黑氏的這種錯誤會阻止了它的澈底的應用。認爲世界不是由既成的事物構成的，它本身只是種種過程的總和，在這些過程中，表面看起來似乎一成不變的事物以及它們在我們頭腦中的印象——概念，乃是在發生和消滅的不斷變化中，雖然有時也有表面的偶然和暫時的倒退，但歸根結蒂仍是向前發展的，——這一偉大的基本思想，自黑格爾以來，可以說已經流入於一般的意識，大體上差不多再沒有一個人出來爭辯了。不過，在口頭上承認這個思想和在每一場合之下和每個研究領域內應用這個思想，這是兩件不同的事。要是我們在研究的時候，經常地抱着這個觀念，那末對於最後解決和永久眞理的任何要求都要永遠消失了；我們從未忘記，我們因必要而獲得的一切知識，是

(註二)參看狄氏的人的頭腦工作的本質一書。(恩氏原註)

受那我們獲得知識的環境所限制所決定的。同樣，我們也不因眞理和謬誤，善和惡，同一和差別，必然和偶然間的對立，而感覺困惑。舊的，現在還很流行的形而上學的思想，絕不能解決這種對立。不過我們很懂得這一對立的相對意義：那今日承認做眞理的東西，仍有着現時所隱密的錯誤的方面，這個錯誤的方面隨着時代的進展，便顯露出來；同樣，那現在承認做謬誤的東西，也有着眞理的方面，因爲有這一方面，它從前才被認做眞理的。最後，我們知道，必然全是由純粹的偶然所構成的，至於這些想像的偶然，就是必然所隱藏的方式，餘此類推。

舊的研究和思維方法，黑格爾曾叫做「形而上學」的方法，它主要地是從事研究被看做一成不變的事物，它的殘餘直到現在還深深地留在人的頭腦中。但是這種舊的方法，當時曾有着偉大的歷史的理由。在着手研究過程以前，應當先研究事物。應當首先知道該事物是什麼，然然再去研究它裏面所發生的變化。自然科學便是這樣的。過去自然科學把一切物象——死的和活的——當做既成而永遠完善的東西來研究，從這種自然科學中逐產生了舊的把一切物象看做一成不變的形而上學。當這種研究各個事物的方法進展的很遠，而可以向前大大走進一步的時候，換一句話說，當這一研究方法進到可以有系統的研究這些事物在自然中所發生的變化的時候，舊的形而上學便在哲學領域內敲了喪鐘了。而且在事實上，到上世紀（十八世紀）末葉，自然科學主要是蒐集的科學，研究終結事物的科學；而在本世紀（十九世紀，）自然科學在本質上曾變成了整理的科學，研究過程，研究這些事物發生和發展，及研究聯絡這些自然過程而爲一個偉大整體的聯繫的科學了。比如研究動植物有機體中過程的生理學；研究各個有機體由萌芽狀態發展到成熟的胚胎學；研究地殼逐漸形成的地質學，——所有這些科學都是十九世紀的產兒。

現在對於自然中種種過程相互聯繫的認識，已經有了巨大的進步，特別是由於下述三種偉大的發見：

第一是由於細胞的發現，即發見細胞是一種單位，植物和動物的全體都是從細胞的增殖和分化發展而來的。這一發見，不但使我們相信，一切高等有機體的發展和長成，有着一個共同的法則，而且證明了細胞具有變化的能力，指出了有機體種類可以變化的路徑，由於這種變化的原故，有機體不只單獨發展而已。

第二是由於能力轉變的發見，這一發見證明，一切主要地在無機體自然中活動的所謂力，及機械力和其補充力，與夫所謂潛在力、熱、輻射（光線和放射熱）電、磁、化學力、都是全世界運動的各種不同的表現方式，在某種比例上可相互一個轉變為一個的方式，比如其中某種的特定數量一消滅，則代之而出現的必是別種的一定數量，因之，自然中的一切運動都可歸納為一個形態轉變為別一個形態的不斷過程。

第三是由於達爾文首次所提出的聯繫證據，這些證據證明現在包圍我們的有機體，連人在內，乃是從少數原始單細胞胚芽長期發展過程的結果，至於這些胚芽又是經化學作用而發生的原形質，或蛋白質形成的。

由於這三個偉大的發見和自然科學的其他巨大勝利，我們現在不僅能夠暴露那自然各個領域內種種過程間所有的聯繫，而且在整體上能夠暴露那聯絡這些各個領域的聯繫。這樣，由經驗的自然科學所獲得的材料，使我們對於一個有相互聯繫的自然得以編製成很有系統的圖形。編製這樣一個總圖形，從前本是所謂自然哲學的任務，不過自然哲學所成就的，只是拿理想的幻想的聯繫來代替當時還不曉得的眞實的現象聯繫，拿虛構來補充缺乏的事實，只是在想像中來充實眞實的空白。在這種情形之下，自然哲學也有過好多天才的思想，猜到了好多後來的發見，然而也做了不少荒唐的議論。這在當時也不能不如此的。現在我們只要用辯證法，卽從牠們自身相互聯繫的觀點上，把研究自然的結果略加注意一下，就可以弄一個現代滿意的「自然體系」；同時，這一聯繫的辯證法性的意識，甚至違犯自然科學家的意志，而浸入了他們的形而上學的頭腦，於是自然哲學也就到了末日了。凡想復活牠的一切企圖，不僅是多餘的，而且是退步了。

現在我們把自然理解做歷史的發展過程，凡可應用於自然的，也可應用於社會歷史的各部門和研究人的（及神的）事物的一切科學的總和。連自然的哲學一樣，歷史、法制，宗敎等的哲學，也是在於拿哲學家所想出的聯繫，代替了應當在事件本身中所顯露的眞實聯繫；把歷史——不論全部的或各個部分的——看做觀念的逐漸實現，每個哲學家所愛的觀念的實現。從這一點可以得個結論說，歷史是不自覺地但必然地走向於執行某一理想的事先預定的目的；比如在黑格爾，實現他的絕對觀念便是這種目的；據他的意見，百折不囘地走向這個絕對觀念的志向，乃是歷史事件中的內在聯繫。這樣，就拿了一個新的、不自覺的或漸次達到自覺的玄妙的神意，來代替了眞實的還不知道的聯繫。這就是說，在這方面，正像在自然領域內一樣，應當除去這種虛構的人爲的聯繫，而揭開眞實的聯繫。這一任務，歸根結蒂，卽是發見那在人類社會史上起着支配作用的一般運動法則。

不過，社會發展史，有一點却跟自然發展史完全不同。就是在自然中（關於人對它的反影響，暫撇開不提）相互一個影響一個的，只是盲目的、不自覺的力量，一般法則便表現在這些力量的相互作用中。這裏不論外表上可以看見的無數表面偶然或那足以證明所有這些偶然當中現象仍按照一般法則而行的最後結果，都沒有自覺的、所期望的目的。反之，在社會史上，演員則爲賦有意識的人，他們不是深思而後行動的，便是隨着情慾行動的，各抱有一定的目的。在這裏，倘無自覺的企圖，倘無預定的目的，那一事無成了。然而不論這個差別，在歷史的研究上，尤其在各個時代和事件上，有多麽重要，但有一事實却不能絲毫加以改變，即歷史行程是由內在的一般法則所决定的。事實上，不論各人自覺的和期望的目的如何，但大體說來，在現象的表面和這一領域內，好像仍是偶然在支配着。預期的事，只有在稀少的場合下，才能作到；人們所設立的目的，大半不是相互衝突和矛盾，便是半因它自身的本質半因手段不夠而不能達到。無數個人志向和無數個人行動的衝突，以致在歷史方面造成了一種狀態，正如在不自覺的自然中所統治的狀態一樣。行動雖有着某種預期的目的；但是事實上從這些行動中所產生的結果，却不是所期待的，即使這種結果，在外表上看來，似乎與預期的目的相符合，但歸根結蒂，牠們距所期待的還相差很遠。這樣，大體上說來，似乎在歷史方面也同樣是偶然在支配着。不過凡在表面上看去是偶然的地方，其實這種偶然本身總是受內部的隱密法則所支配的。所以，問題就在發見這些法則。

不論歷史的行程如何，人們總是這樣來創造它的：各人都是在追求自己自覺所設立的目的；這些按不同方向而活動的志向及其種種對外界的影響所造成的結果，便成歷史。因之，問題也就在於這些無數個人所希望的是什麼。意志是由情慾或思考所決定的。不過那直接決定情慾或思考的槓桿，則有着各色各樣的性質。這有一部分可說是外部物象，有時則是理想的動機，如名譽心，「對眞理和正義的熱忱」，個人的憎惡，以及各種的癖嗜。不過，一方面，我們已經看到，在歷史上活動的好多單個志向，在大多數場合之下，並未引起那應有的結果。這些結果往往是跟活動者的願望相反的。單就這一點說，推動活動者的動機，歸根結蒂，仍只有次要的意義。別方面，又來了一個新問題：就是那些給人們的意志以某種方向的力量究竟是什麼？那以此種動機方式反映在活動者頭腦中的歷史原因究竟是什麼?

舊唯物論,從未提出過這樣的問題。所以,舊唯物論對歷史的觀點——卽使它有這樣一種觀點——主要是實用主義的:它是按照活動者的動機來判斷歷史事件;把這些活動者分爲正直君子和詭詐小人,並認爲在大多數場合之下,正直君子因誠實受了欺騙,而詭詐小人則反而勝利了。因此,舊唯物論便得出一結論,以爲歷史中很少有敎訓的東西;但是我們所得出的結論,則是舊唯物論在歷史方面是自己背叛了自己,認爲歷史上起有作用的理想動力是事件的最後原因,並沒有去研究這些動力後面所隱藏的是什麼,這些動力的動力究竟是什麼?舊唯物論的不徹底,並不是在於承認理想動力的存在,而是在於到它爲止,並沒有前進一步去探討動力的諸原因。反之,歷史哲學,尤其黑格爾所代表的歷史哲學,則承認不論歷史上大人物所明白顯露的動機或他們的眞實的動機,都不是歷史事件的最後原因,在這些動機後面還有別的動力,對於此種動力,應加以研究。但是歷史哲學並不是在歷史本身中去尋求這種動力;它是從外面,卽從哲學思想中輸入這種動力到歷史中去。比如黑格爾，並不是從希臘自身的內部聯繫來說明希臘史，而只是簡簡單單地宣佈說希臘史無非是「美麗的個性形式」的製作，「這樣的藝術作品」的實現等等。在這一點上，黑格爾關於古希臘人雖作了好多美麗而深刻的指示，可是現在我們却不能以這種僅屬空談的說明為滿足了。

歷史人物動機的背後，自覺或不自覺地——應當說大半是不自覺地——總藏有一種動力，這動力也許是歷史的真正而基本的動力。說到研究這種動力，其意並不是指個人——即使是極傑出時人——的動機，而是指推動廣大羣衆——整個民族或某民族中整個階級——的動機。並且這裏重要的不是短時的爆炸，也不是轉瞬即滅的火星，而是足以引起偉大的歷史轉變的持久運動。探討那以自覺的動機方式、在羣衆和領袖——即所謂大人物——頭腦中或明瞭地、或模糊地或直接或在思想的形式上，甚至在幻想的形式上反映出來的原因，這就是說踏上了唯一的道路，這道路可導引我們去認識支配一般歷史以及歷史各個時代或各個國家的法則。凡推動人們的一切，必然都要經過人們的頭腦；不過它們在人們的頭腦中要採取何種方式，這大抵依環境而定。在一八四八年萊茵的工人，曾毀壞機器，現在就不然了。但是這並不是說工人與資本主義機器應用相妥協了。

在以前各時代，因為歷史動因跟其結果的聯繫混淆而隱密的原故，要研究這種歷史的動因，差不多是不可能的；現在這種聯繫，已經簡單化，那種謎也終於可以解答了。自採用大工業以來，即至少自一八一五年歐洲和約（註三）以來，在英國誰都看得清楚，兩個階級——土地封侯和資產階級奪取政權的鬥爭，曾成了該國一切政治鬥爭的重心。在法國，自布爾奔王族返國的時候起；人們的意識中也深入了同樣的現象。當時的歷史家，從蒂埃里（Thierry）到吉佐（Guizto），米勒（Miznet），蒂埃斯（Thiers），都經常指出

（註三）拿破崙戰爭以此和約為終結。此後法國曾恢復了反動的布爾奔君主政體，在其餘的歐洲也是反動勢力奏了凱旋。奧皇和普魯士王，以俄皇為首締結「神聖同盟」，推行反動政策，自這時起，俄國政府亦開始起了國際憲兵的作用。

此種事實，認爲這是理解中世紀以來法國歷史的關鍵。自一八三〇年起，在這兩個國家裏面，工人階級，都被認爲是奪取統治的第三個戰士。社會的關係，已經很簡單，只有故意閉起眼睛的人們才會看不見，這三個巨大階級的鬥爭和他們利益的衝突，也就是整個近代史，至少也是兩個最先進的國家近代史的動力。

不過這些階級是怎樣發生的呢？驟然看起來，大土地領有制，即過去封建土地領有制的發生，至少主要是由於政治的原因，即暴力的奪取，但是這種解釋對於資產階級和無產階級卻就不適用了。十二分明顯的，這兩個大階級的發生和發展是由於經濟的原因。同樣，也很明顯的，大地主與資產階級間的鬥爭，以及資產階級與無產階級間的鬥爭，主要是爲了經濟上的利益，政治權力不過是防護經濟利益的手段吧了。資產階級和無產階級同是由於經濟關係，更準確些說，同是由於生產方法變遷的結果而發生的。這兩個階級的發展，起初是由於行會手工業的變爲工場手工業，隨後又由於工場手工業的變爲用蒸汽和機器裝備起來的大工業。發展到一定的階段上，新興資產階級所運用的生產力，——尤其是勞動分工和許多執行局部生產機能的工人聯合在一個手工工場裏——以及因它而發展起來的交換和需要條件，就跟現存的歷史上所遺留下來的和由法律所保護的生產方法，換一句話說，就跟封建社會制度所固有的行會的及其他無數個人的和地方的特權（這些特權對於非特權的等級則是同樣無數的桎梏）發生不調和的矛盾了。於是生產力以其代表者資產階級爲代表，便暴動起來，反對封建地主和行會師傅所代表的生產方法了。鬥爭的結果是很明白的。封建的桎梏被摧毁了：在英國是逐步摧毁，在法國是一下子摧毁，在德國直到如今還未摧毁完。連工場手工業發展到一定階段上與封建生產制度發生衝突一樣，現在大工業跟代替封建生產制度的資產階級制度相衝突了。由於這個制度的原故而受資本主義生產方法狹隘範圍所束縛的大工業，一方面使巨量民衆一天天無產化；別方面却造成了日多一日找不到銷路的生產品。生產過剩和大衆的貧困——兩者互爲因果——這就是大工業所弄成的一種妄誕矛盾，這矛盾很迫切地要求要用改變生產方法的手段來拯救生產力脫離桎梏了。

由此可證明，任何政治鬥爭必是階層鬥爭；而任何階級謀解放的鬥爭，不管它必然不可免的政治形態如何（因爲任何階層鬥爭都是政治鬥爭），歸根結蒂，都是爲了經濟的解放，這至少對於近代史是如此。所以，無疑的，至少在近代史上，國家，卽政治制度，乃是從屬的原素，而公民社會，卽經濟關係界，則是主要的原素。根據舊的觀點——黑格爾也是這樣——則適爲相反，國家是決定的原素，而公民社會則是從屬的，依國家而轉移的原素。表面上這似乎是對的。在個人方面，人要開始行動，凡引起他行動的一切動機，必然要經過他的頭腦而變爲意志的動機；同樣，公民社會的一切要求，不管當時是那一個階級統治着，必然要經過國家的意志，以法律方式取得普遍的意義。這是問題的形式方面，是很容易明白的。不過請問這個單單形式上的意志——不論是個人或整個國家——有什麼內容？這一內容從何而來？爲什麼人們願望如此而不願望如彼？我們對這一問題尋求答案時，便可看到，在近代史上，國家的意志，大體上，是受公民社會隨時變動的要求，是受某一階級，更歸根結蒂說，是受生產力和交換關係的發展所決定的。

不過甚至在近代，擁有巨大生產和交通手段的國家，都不能構成一個獨立的領域，都不能獨立發展；並且在它的生存與發展上，歸根結蒂，要看社會生活的經濟條件以轉移，甚至在近代都是如此，在過去更不必說了。在過去，我們知道，這樣豐富的人們物質生活的生產還沒有補助手段，因之，那時物質生活生產的必要，不可免地對於人類更有很大的支配。如果甚至在現今大工業和鐵路時代，國家在大體上還不過是以集中的方式，表現着支配生產的一階級的需要，那麽國家的這一作用，在任何人類後代要耗費他一生的極大的光陰來滿足牠物質需要的時代，即在他們（人類後代）對物質需要的依賴，比現在我們對物質需要的依賴更要大的時代，更是不可避免的了。研究從前的歷史，對於這一方面稍加以認眞的注意，卽可證明上面所說的不錯。不過，不消說，這裏却不許作這種研究。

如果國家和公法是受經濟關係所決定的，那麽很明顯的，公民法（註四）也是如此

（註四）這是資產階級法律所特有的分法。公法所涉及的是關於國家制度，行政機關構造及公民政治權

了，因爲公民法的作用，在本質上，乃是對於現存的，在特定環境下正常的人與人的經濟關係，加以立法上的尊崇。不過這一尊崇的方式，可以各不相同的。例如可保持着舊的封建法制形式的大部分，而僅在其中投以資產階級的內容，甚至直接給封建的名稱上添加一種資產階級的意義，像在英國，遵照牠的民族發展的全部行程，就是如此的。同樣，可拿商品生產者社會的頭一個全世界的法律即羅馬法作爲基礎，對於單純的商品所有者（如賣者與買者，債權人與債務人，契約，債券等）一切主要的法律關係，加以更精確的製訂，像歐洲大陸上，就是如此。並且爲了小資產階級社會，甚至半封建社會的利益和幸福，或者可簡簡單單地用司法的實踐把這一法律降到這一社會的水平線上（普通法，）或者甚至在司法上可藉那些自以爲聰明的勸善的法學家把這一法律加以曲解，改造爲特殊的適合於上述社會狀態的法律（普魯士土地法。）最後，在偉大的資產階

利的諸問題。私法或公民法所涉及的，主要是關於公民的財產權利（如財產法，義務法，家庭法，繼承法。）

級革命以後，根據那個羅馬法還可創造這樣一種資產階級社會的模範法律，如法國民法典（註五）者。因此，公民的法律規定只是社會生活的經濟條件的法律上的表現而已，不過看當時情形如何，它們有時表現的很好，有時則表現的很壞。

國家，在我們看來，乃是支配人的頭一個思想力量。社會為了防禦外來和內部的侵犯，則創立了保護自己利益的機關。這種機關，就是國家權力。這個機關，一經發生，就脫離社會，獨立起來，而且這個機關愈成為某一階級的機關，愈實行着這一階級的統治，則它愈加獨立起來。被壓迫階級反對壓迫階級的鬥爭，必然要變成政治的鬥爭，首先是反對這一階級政治統治的鬥爭。但是人們對於這一政治鬥爭跟它的經濟基礎的聯繫的意識，却是模糊的，有時甚至是完全沒有的。這一意識即使在鬥爭者，並未完全消滅，但在歷史家差不多總是缺乏的。描述古代羅馬共和國內部鬥爭的歷史家當中，僅有亞畢安（A pian）一人，很清楚而明白地告訴我們，該共和國所爭的究竟是什麼，換一句話說，

（註五）係指拿破崙一世所頒佈的公民法典，此法典以後曾作了各國的立法模範。——譯者

是爲了土地領有制。

不過國家自從成了一種力量而對社會獨立以後，便馬上產生了一種新的意識形態。因之，跟經濟事實的聯繫，在專門的政治家，國家法的理論家，尤其在研究民法的法律家，都消失了。要取得法律的承認，經濟事實，在每一個別場合之下，須採取法律關係的形態。在這種情形之下，不用說，要顧慮到既有法律的全部體系。因之，法律形態，好像超於一切；而經濟內容則好像毫無作用了。於是把公法和私法看做兩個獨立的領域，兩者都各有各的獨立發展，都可以用澈底消除一切內部矛盾的方法來加以獨立而有系統的研究了。

更高的，即距經濟基礎更遠的意識形態，則採取了哲學和宗教的形態。這裏觀念跟牠們的物質存在條件的聯繫，被一些中介物弄得更加混淆不明。然而這一聯繫仍然是存在的。從十五世紀中葉起，整個文藝復興時代，尤其從那時起重新醒覺的哲學，在本質上，乃是城市發展的果實，換一句話說，乃是資產階級發展的結果。哲學所表現的，據它的內容說，只是那與中小資產階級進爲大資產階級的發展相適應的思想。這在十八世紀的英國人和法國人，尤爲明顯，當時兩國人往往是經濟學家兼哲學家。關於黑格爾學派，我們在上邊已經說過了。

不過我們關於宗教，再略說幾句。宗教比物質生活最爲落後，而且就表面看來，是跟物質生活最疏遠的。在最原始時代，宗教是從人們關於自身和關於包圍他們的外部自然的極愚頑，極朦朧，極原始的觀念中發生的。但是，凡意識形態，一經發生之後，它便隨着現存觀念的總和而發展，把它們加以進一步的改造。否則，牠便不是意識形態了，換一句話說，牠便不能把思想看做獨立的東西，可以自行獨立發展，服從自己的規律了。某一思維過程是在人們的頭腦中完成的，但是決定這一過程的，的歸根結蒂，乃是人們的物質生活條件，這一點這些人當然不明白，因爲不如此，則任何意識形態便要完結了。原始宗教觀念，大半本爲某一血統的民族集團所共有，到了這些集團分裂以後，便在每個民族依着它的生活條件而各個特殊地發展起來。好多這種民族集團，尤其亞利安（即所謂印度歐羅巴族）族的宗教觀念發展過程，已由比較神話學加以詳細研究了。各個民族所信奉的神，乃是本民族的神，神的權力不會越出他所保護的民族領域界線以外。出境以外，便是別的神在統治着。這是誰都不能爭辯的。所有這些神，僅在創造它們的民族生存時，才在觀念中存在着；民族一沒落，神也就隨它而消滅了。舊的各民族，遭受全世界羅馬帝國的打擊而沒落了。關於羅馬帝國發生的經濟條件，這裏恕不論究了。於是，舊民族的神，也衰落了；甚至僅適用於羅馬這個狹隘城市的羅馬人的神，也不能逃避這個命運。因此，需要拿一個全世界的宗教，來塡充全世界的帝國，這種情形，從羅馬想把一切榮顯的外國神跟本地的神同等崇祀一事上，就可以看明白地看出來。但是新的全世界的宗教，是不能用皇帝的一道命令一下造成的。新的全世界的宗教——基督教，是從一般化的東方神學，尤其猶太的神學和庸俗化的希臘哲學，尤其斯多亞派哲學的混合物中無聲無臭地發生的。我們現在只有用精密研究的方法，才可知道最初的基督教是怎樣一種形式，因為基督教傳給我們的，已是尼克亞宗教會議所加於它的那種正式形式了，（尼克亞宗教會議會使基督教適應於國教的名義。）不過，不論如何，在二百五十年後基督教會變成國教這一事實，就足以證明基督教是如何地跟當時的環境相適應的了。到了中世紀，隨着封建制度的發展，基督教也就採取了適合於封建制度的宗教形式，而有着相適應的封建教職制。隨後城市資產階級強大起來，新教的異教也就發展起來，而與封建的天主教相對立，這種異教起初是發現於法國南部亞爾比人（註六）中間，卽在該地城市最繁榮的時代。中世紀使意識形態的其他一切形式，如哲學、政治、法律，都併合在神學以內，而隸屬於它。因此之故，一切社會的和政治的運動，都不得不採取宗教的方式，民衆的情感全是受宗教的滋養品所培養的；因此，要引起一個狂風暴雨般的運動，就必須

（註六）亞爾比人，亦稱卡塔爾人，曾參加十二——十三世紀彌漫於法國南部的運動（因法國南方有一城名亞爾比，故名）這一運動的目的，是在反對以教皇爲首的剝削者的羅馬教會。城市商業資產階級，手工業者，城市貧民和農民，都曾加入這一運動。到十三世紀初，教皇曾組織了一個特別的十字軍，前去征剿亞爾比人。長期戰爭（延長了二十餘年）的結果，亞爾比人失敗。

穿上宗教的外衣，給民衆指出他們的自身利益。城市資產階級一開始就給自己創造了附屬品，如未屬於任何一定等級的無產的城市平民，日工，及種種僕役（這些都是後來的無產階級的祖先）之類；同樣，異教早就分成了兩派：一是資產階級溫和派，一是甚至被資產階級異教派所都憎惡的平民革命派。

新興的城市資產階級有着不可屈撓的精神，同樣，新教的異教也有着不可撲滅的力量。當資產階級充分强大的時候，他們反對封建貴族的鬥爭（從前僅有着地方性質）便開始具着民族的範圍了。於是鬥爭的第一幕，所謂宗教改革，就在德國爆發了。那時城市資產階級的力量和發展，還不足以把其他所有的暴動份子，如城市的平民，農村中的下級貴族和農民團結在自己的旗幟之下。首先是貴族遭受失敗了，跟着是農民暴動，農民暴動算是那時的革命運動的頂點。城市並沒有援助農民，於是革命便被大封建領主的軍隊所厭服了，大封建領主享受了革命的一切有利的結果。從那時起，在整整三世紀期間，德國就在能獨立影響歷史的民族中間消聲匿跡了。不過除過德人路德之外，又起來了一個法人卡爾文。他以純粹法國式的激烈性，提出了資產階級性質的宗敎改革，使敎會具了一種共和的、民主的性質。路德的宗敎改革在德國庸俗化，而使該國走向潰滅；反之，在加爾文的宗敎改革旗幟之下，却團結了日內瓦荷蘭，及蘇格蘭的共和黨人；蘇格蘭人並且在這一旗幟之下進行解放鬥爭，謀脫離西班牙的統治和德意志帝國。同樣，卡爾文的宗敎改革，給在英國所發生的資產階級革命的第二幕供給了意識形態的外衣。這兒加爾文主義是遮掩當時資產階級利益的眞正宗敎上的面具，所以在一六八九年革命（此次革命因一部分貴族與資產階級妥協，致告停止）以後，卡爾文主義並未獲得充分的承認。於是英國的公立敎會又恢復了，但是已不是從前的方式，已不是拿國王當做敎皇的天主敎方式了；現在它帶上了濃厚的卡爾文主義的色彩。舊的公立敎會，舉行快樂的天主敎安息日，而迫害枯燥的卡爾文主義者安息日。但充滿着資產階級精神的新敎會，則舉行着後邊這個安息日，直到今日，這一安息日還在裝飾着英國。

一六八五年，法國卡爾文主義者少數派曾經被壓服下去，不是投向天主敎，便被放逐了。不過這發生了什麽結果呢？當時自由的思想家貝爾（Pierre Bayle，1647—1706）已經活動，而到一六九四年伏爾特（Uo taire）也出世了。由於路易十四的强迫方法，法國資產階級很容易地使他們的革命採取了非宗教的純粹政治的方式，這一方式是跟資產階級的發展狀態相適應的。代替新教派而出席國民大會的，則是自由的思想者。於是基督教就踏進了它的最後階段。自此以後，它對於某一進步階級的志向已無力供給宗教的外衣了。它漸漸地變成了統治階級的特有財產，統治階級利用它作爲管理手段，駕馭下層民衆的馬勒。而且每個統治階級，都各利用着各的特殊宗教：地主利用着天主教的耶蘇教或新教正統教；自由主義和急進的資產者則用着理性教。至於這些先生們相信不相信他們的宗教，那在事實上是無關重要的。

因此，我們看到，凡宗教一經發生後，總保持着前代遺留下來的某種觀念儲備物，因爲在思想的一切領域內，傳統乃是一種極大的保守力量。不過這一觀念儲備物中所發生的變化，是由造成這一變化的人們之階級關係——卽經濟關係來決定的。這是很明瞭的，怨不再說了。

以上所說，只是把馬克思的歷史觀點，作了個大概，至多也只是舉些例子加以解釋吧了。要證明這個歷史觀的正確，只有在歷史上去找證據；這裏我敢說，在其他著作中，這種證據已經引舉的很多了。不過馬克思的歷史觀點，在歷史方面，給了哲學一個致命的打擊，正如對自然的辯證法觀點使一切自然哲學成爲無用和不可能一樣。現在的任務，並不是在想出各事實的聯繫，而是在事實本身中發現這種聯繫。因此，科學自從自然和歷史驅逐出來以後，僅留下了一個領域，給它可以藏身，這個領域便是純粹思想：關於思維過程本身法則的學說，邏輯與辯證法。

* * * *

在一八四八年以後，「有教養」的德國，馬上就跟理論決別，而從事實踐的活動。基於徒手勞動的小手工藝和工場手工業，讓位於眞正的大工業，而德國重新又出現於世界市場了。新的小德意志帝國（註七），至少剷除了這一發展道路上的最大的障礙物，這些障礙物是由於許多小國的存在，封建制度的殘餘，以及官僚制度所造成的。不過當Speculation（註八）逐漸離開哲學家研究室而在交易所裏築起自己的廟堂以後，有教養的德國便喪失了偉大的理論的興趣和理解——這甚至在政治極衰落的時期都是德國人的光榮。當德人不管它有沒有某種實踐的成績，不管它是否跟警察的禁條相抵觸，總愛從事純粹科學的研究。是的，德國官方的自然科學，尤其在私人研究方面，還站在時代的最高峯；但是據美國科學雜誌的正確指示，現在在研究各個事實間的偉大聯繫上，及在概括這些聯繫而成爲種種法則上獲得重大勝利的，主要是英國，正如從前在德國所獲得的一樣。至於說到歷史科學，連哲學包含在內，這裏毫無顧忌的理論研究的舊精神，業已隨着古典哲學而完全消滅了。代之而起的，則是毫無意義的折衷主義，對於優厚俸

（註七）卽於一八七一年在普魯士領導下所發生的德意志帝國，因未把講德語的一切地方包括在內，故稱小德意志帝國。

（註八）在這裏Speculation一字當作雙關語解：在哲學上爲「推理」之意；在經濟上爲「投機」之意。

給的關心，以及極卑劣的野心主義。這種科學的正式代表者，都變成了資產階級和現存國家的公然的思想家，不過這已經是在資產階級和現存國家公然與勞工階級相敵視的時代了。

德人的愛好理論的興趣，現在只有在勞工階級中間，還在繼續存在着。在勞工階級當中對理論的興趣是不會消滅的；這裏沒有任何升官發財，及懇求上司施恩庇護的意念。反之，科學愈加勇敢而堅决的前進，則它愈加適合於工人的利益和志趣了。新的傾向，是在勞動發展史中找到了理解全部社會史的鎖鑰，它自始差不多主要地就是傾向於勞工階級，並且它在勞動階級方面遇到了極大的同情，這種同情它在是不希望在官方科學方面找到的。德國的勞工運動，乃是德國古典哲學的繼承人。

（完）

附錄　費爾巴哈論綱

K. 馬克思

一

從前的一切唯物論，連費爾巴哈的包括在內，其主要的缺點就在於：只是以客體的方式或以直觀的方式來把握物象，現實，感覺，而不是看做人類的感官的活動，實踐，即不是主觀地來把握的。因此，便發生了這樣一種情形，活動的方面，與唯物論相反，是由唯心論發展而來的，不過只是抽象的吧了，因為唯心論，不消說不知道現實的感官活動之所以如此。費爾巴哈想要研究的，乃是感覺的客體，這客體事實上是跟思想中的客體不同的，但他沒有把人類的活動本身理解為物象的活動。所以，他在基督教的本質一書中只是把理論的活動才看做真正人的活動，而把實踐只在它的汚穢的猶太人的表現方式上加以理解和確定。因而，他不了解「革命的，」實踐批判的活動之意義。

二

人的思維是否具有物象的眞實性，這個問題，幷不是理論的問題，而是一個**實踐的**問題。人應該在實踐中證明他的思維的眞實性卽現實性，威力，各方面性。關於離開實踐的思維是眞實還是不眞實的論爭，乃是純粹**經院學派的**問題。

三

認爲人們是環境與敎育的產物，因而並認爲已經改變了的人們，乃是別一種環境和改變了的敎育的產物這是唯物論的學說，但是這一學說却忘記了環境正是由人來改變的，而敎育者本人也須受敎育的。因此，這種學說不可免地要達到這種地步，就是把社會分成兩部分，其中的一部分高出於社會之上。（比如羅伯特•歐文的學說。）

環境的改變與人類活動的改變之巧合，可理解爲而且只有合理地理解爲**革命的**

實踐。

四

費爾巴哈是以宗教的自我乖離這個事實，是從把世界分爲宗教的，幻想的世界與現實的世界爲出發點的。他從事硏究的，就在把宗教世界引導在它的人間的基礎上面。但他不知道，在這一工作完成以後，主要的東西還沒有做哩。不過人間基礎從它自身分離出來，而在雲際給自己建立一個獨立王國，這種情形，只能拿這個人間基礎的自我分裂及自我矛盾，才能說明白。因此，人間的基礎本身，首先應當從牠的自身上，應當從牠的矛盾中去理解，然後在實踐上，拿消除矛盾的方法，使牠革命化。所以，比方從地上的家族中發見神聖家族的祕密以後，首先就應當加以理論上的批判，並在實踐上使之革命化。

五

費爾巴哈因不滿於抽象的思維，會提出感官的默想；但是他把感覺並沒有看做實踐的、人類感官的活動。

六

費爾巴哈把宗教的本質，歸納在人類的本質中。但是人類的本質，決不是各別的個人所特有的抽象。人類本質在牠的現實性上，乃是社會關係的總體。

費爾巴哈，對於這個眞實的本質，未加批判，所以他不得不：

（一）使歷史的行程抽象化，確定自存的宗教情操，並假定有個抽象的——孤立的——個人。

（二）所以，他的人類的本質，只能理解為一種『種』，只能理解為一種內在的，默啞的共同性，這種共同性天然的線索把無數的個人聯繫起來了。

七

所以，費爾巴哈沒有看到，「宗教的情操」本身就是社會的產物，而他所分析的抽象的個人，事實上則屬於一定的社會形態。

八

社會生活，就其本質說，都是實踐的。一切足以引誘理論到神祕主義中去的神祕，都能在人類的實踐中及對這個實踐的理解中，找到合理的解決。

九

默想的唯物論，即不能把感覺當做實踐的活動來理解的的唯物論，所能達到的，至多那是「公民社會」裏各個個人的默想。

十

舊唯物論的觀點，乃是「**公民**」社會，新唯物論的觀點則是**人類**社會或社會化的人類。

十一

哲學家，只是用不同的方式來說明世界，但問題是在**改變**世界呵。

世界名著譯叢之二

費爾巴哈論

每冊實價貳角伍分
外埠酌加寄費

著者　F. Engles
譯者　張仲實
發行者　生活書店　上海福州路第三八四號
印刷者　生活印刷所

中華民國二十六年十二月初版
中華民國二十七年二月再版（漢）

世界名著譯叢

反杜林論

恩格斯著
吳理屏譯
一元二角

本書是恩格斯生平的最大名著，也就是新興哲學的經典。原書爲反對機械論者、形而上學者，及庸俗經濟學者杜林而作。對於哲學和經濟學的各項基本問題，都有扼要的闡發。自出版後普遍地傳誦於西歐，尤其革命戰士奉爲圭臬。現在全世界上文化比較發展的各國，差不多都有了譯本。

普烈漢諾夫著
社會科學的基本問題
張仲實譯　四角五分

恩格斯著
費爾巴哈論
張仲實譯　二角五分

普烈漢諾夫著
藝術與社會生活
馮雪峯譯　實價三角

百科小譯叢之一
哲學
張仲實譯　實價三角

百科小譯叢之二
封建主義
張仲實譯　一角五分

生活書店發行